Christine Weiner

Ich wär so gern ganz anders,
aber ich komme einfach nicht dazu

Christine Weiner

Ich wär so gern ganz
anders
aber ich komme
einfach nicht dazu

Dem Leben die eigene Farbe geben

ARISTON

Verlagsgruppe Random House FSC-DEU-0100
Das für dieses Buch verwendete
FSC®-zertifizierte Papier *München Super*
liefert Arctic Paper Mochenwangen GmbH.

Copyright © 2013 Ariston Verlag
in der Verlagsgruppe Random House GmbH

2. Auflage
Umschlaggestaltung: griesbeckdesign
Illustrationen im Innenteil: Christine Weiner
Satz: EDV-Fotosatz Huber/Verlagsservice G. Pfeifer, Germering
Druck und Bindung: GGP Media GmbH, Pößneck
Printed in Germany 2012

ISBN 978-3-424-20056-0

Inhalt

Teil 3: Die Umsetzung

Teil 4: Die Ideenkiste

»Sie wären gerne anders? Wie denn?«

»Eben irgendwie anders.«

»Aha.«

»So, dass es keinen Ärger mehr gibt.«

»Mit wem?«

»Mit den anderen und mit mir.«

»Und worüber ärgern Sie sich?«

»Dass ich nicht anders bin.«

»Wie denn?«

»Na … irgendwie anders eben.«

»Wie anders?«

»So, dass es passt.«

Ein paar Worte vorab

Ich bin ein rosa Entchen. Und lange war ich ein rosa Entchen mit heruntergezogenen Mundwinkeln. Es hat viel Zeit gebraucht, bis ich vergnügt zwinkern konnte, denn viele Jahre meines Lebens wünschte ich mir nichts anderes als »gelb«, und damit »wie die anderen« zu sein: unauffällig, fügsam und brav. Ich weiß, dass sich viele Menschen genau die andere Seite der Wirkung wünschen, sie möchten auffallen, um sich von anderen zu unterscheiden. Bei mir war das nicht so, denn ich war immer zu laut, zu kreativ, zu lustig und im positiven wie negativen Sinne zu vorlaut. Eben »zu, zu, zu«, die Krankheit, die alle Menschen haben, die sich gerne verändern möchten und es aus irgendeinem Grund nicht schaffen. Lassen Sie sich schon jetzt sagen: Es liegt ein Schatz in diesem Brunnen, der von einem angeblichen Schweinehund oder anderem Monster bewacht wird. The beauty and the beast – diese Romanze gilt auch für das Leben mit uns selbst.

Wenn man mit zu vielen »zus« unter einem Dach wohnt, liegt die Überlegung nahe, dass man nur bei sich selbst an irgendeiner Schraube drehen müsse und dann wäre endlich alles gut.

»Ich bin zu lahm. Wenn ich fixer wäre, dann würde ich …«

»Ich bin zu dick …«

»Ich bin zu dünn …«

»Ich bin zu blöd für diesen Job …«

Die »zus« und damit das Hineinsehen in eine andere Existenz können ein guter oder ein quälender Moment im Leben sein. Ich weiß nicht, wie das bei Ihnen ist, denn jeder Veränderungswunsch und jeder Veränderungsprozess ist verschieden. In meiner Arbeit als Coach komme ich mit den unterschiedlichsten Wünschen und Hintergründen in Berührung. Die meisten Menschen strengen sich an und wollen viel und die wenigsten liegen dauernd auf der Couch und stopfen sich mit Chips voll. Nein, Menschen haben viel Wollen, Willen und Energie. Deswegen verstehen meine Klienten oft auch nicht, »warum sie *es* nicht endlich machen, angehen, tun?« Aber glauben Sie mir: Es gibt immer einen Grund dafür, wenn Sie etwas nicht realisieren und ich lade Sie ein, in sehr kleinen Tauchschritten Ihrem Grund näher zu kommen. Sie sind nicht faul, sondern vermutlich eher schlau, dass Sie eine bestimmte Veränderung noch nicht, oder nicht in der Art, verwirklicht haben, wie Sie diese planten. Lassen Sie uns anschauen, was Sie prägt und abhält, damit Sie dann Ihren Wunsch realisieren können oder ihn auf den Mond jagen.

Natürlich verändert man sich nicht so einfach. Aber es kann einfach werden, wenn man in sich schaut und den eigenen Veränderungswunsch versteht. Nachdenken als Schlüssel zur möglichst einfachen Veränderung – so es überhaupt eine braucht. Denn nicht immer sind wir störend, auch wenn wir uns so fühlen. Es hat einen Wert, dass Menschen so sind, wie sie sind – und das gilt auch für Sie! Doch jeder Tag ist ein Tag der Konkurrenz. Immer wieder sehen und erleben wir, dass andere Menschen nicht nur anders sind als wir, sondern, wie wir finden, auch glücklicher oder erfolgreicher dank ihrer Art und ihres Wesens.

Die meisten Menschen, die zu mir in die Beratung kommen, haben ihren eigenen Wert aus dem Blick verloren und meinen, sie müssten einem externen Profil entsprechen, das zum Beispiel die Medien, die Gesellschaft, die Familie, Freunde, Liebhaber, Kolleginnen vorgeben oder das sie auf der internen Leinwand von sich entwerfen. Dabei handelt es sich um eine Art Prototyp vom eigenen Ich. Ein Alfa Romeo der eigenen Persönlichkeit, den man gerne anschaut, aber letztendlich doch nicht besitzen, sondern nur gelegentlich mal fahren will.

Mein Kinderwunsch, so brav, still und zurückhaltend wie meine Klassenkameradinnen zu sein, hat sich zu meinem Glück nicht erfüllt. Ich bin die geworden, die ich bin, *weil* ich etwas lauter war als die anderen; und nebenbei auch mutiger, denn in meinem lauten Wesen waren durchaus Beschützeranteile zu finden. Und es machte mir möglich, das zu proben, was ich heute immer wieder tue: Ich halte Vorträge und zeige mich damit. Wenn Sie so wollen, war die Schule meine Probebühne und es wäre zu schade für mich, hätte ich mir dieses Talent verkniffen, bloß um eine gelbe Ente zu sein. Damals wusste ich das alles natürlich noch nicht und weinte nachts verzweifelte Tränen in mein Kissen. Ich war zwar Klassensprecherin, aber was zählte das schon, angesichts dieser Anmut, die mir fehlte. Das Kuriose daran war, dass ich in der Tiefe meines Herzens nie so zart und brav wie diese Mädchen werden wollte. Dennoch wollte ich so sein, um endlich dazuzugehören. Ich wollte wie die anderen sein, um einer Gruppe zuzugehören.

Ich bin also damit vertraut, wenn es darum geht, sich vorzustellen, wie gut die Welt und das Leben wäre, wenn ich nur ein wenig »anders« wäre, beziehungsweise die guten Anlagen endlich zeigen würde. Mit festem Schritt nahm ich mir wiederholt vor: »Ab morgen bin ich verändert«, als könnte ich mein Wesen und meine Haut ablegen, würde ich mir nur ein kleines bisschen

Mühe geben. Aber, wie Sie jetzt schon wissen, es gelang mir nicht. Bei anderen Vorhaben hingegen hielt ich durch, war zäh und bewegte mich durch Turbulenzen hindurch. Das war die Kraft, die in mir wirkte, als ich mich auf meinen Berufsweg machte, der von der Heimerzieherin zum BWL-Studium, in eine Heiratsvermittlung, zum Rundfunk, Fernsehen, zu einem weiteren Studium, vielen Büchern, verschiedenen Coaching-Ausbildungen und langsam, aber zielgerichtet, in die Gründung eines eigenen Unternehmens führte. Offenbar waren all diese Veränderungen *sinnvoll,* deswegen blieb ich dran und hielt durch. Die laute und starke Präsenzwirkung meines Wesens ist mir ein lästiger Vorteil geworden, denn, unter uns, ich kann diesen Teil von mir noch immer nicht richtig leiden. Mein Wesen und ich, wir haben uns in diesem Punkt arrangiert und ich verstehe es durchaus, mich inzwischen unauffällig im Hintergrund zu halten.

Wie bereits gesagt, sind wir nicht immer zu unstrukturiert oder zu lethargisch, wenn wir ein Vorhaben nicht durchsetzen. Oft ist es vielmehr sehr sinnvoll und gesund, dass wir nicht alles umsetzen, zu dem wir uns innerlich und/oder von außen aufgefordert fühlen. Ich habe in meinem Leben vieles nicht umgesetzt und gerade dadurch eine rosa Farbe erhalten. Als blondes, brav bezopftes Mädchen, das zart lächelt und nur antwortet, wenn man es fragt, wäre mein Weg sicherlich schwer geworden, denn nicht nur ich, sondern auch mein beruflicher Weg ist rosa.

Heute nutze ich meine Unzufriedenheit, um mir regelmäßig einen Überblick über mich und meinen Weg zu verschaffen. Was motiviert mich gerade? Wo will ich hin? Was verbinde ich damit? Und: Bei welchen Gedanken hüpft mein Herz? Ich wähle nicht mehr Worte wie »Ich will anders sein«, sondern überlege eher warum und in welchen Punkten genau ich anders werden möchte. »Wofür?«, ist das Fragewort, das ich mir häufig stelle. Mein Interesse ist, das zu finden, was es zu entdecken gibt und erst nach einer gut portionierten Reflexion entscheide ich mich, ob und wie ich die Veränderung realisieren möchte.

Um diesen Weg – mit und zu sich – geht es in meinem Buch. Es führt Sie aus der Lähmung der bloßen Sehnsucht hinaus, indem wir gemeinsam darauf schauen, was es mit dem Wunsch nach Veränderung auf sich hat, welche Aspekte er beinhaltet und Sie dann entscheiden können, ob und was Sie gerne anders hätten und wie stark die Veränderung sein darf. Sie müssen nämlich nicht alle Farben benutzen, auch wenn Sie im großen Bastelraum des Lebens stehen. Wichtig ist zu erkennen, was Sie drängt, um dann zu entscheiden, welche Farbe(n) Sie in Ihrem Leben wollen.

Ich suche nicht nach dem schnellen Plan und ich werde Ihnen nicht einfach eine Lösung servieren. Jeder Veränderungswunsch und jede Veränderung ist einzigartig. Nur Sie können für sich reflektieren, was es mit Ihrem Wunsch »anders zu sein« auf sich hat und warum Sie auf diesem Weg nicht weiterkommen. Nehmen Sie sich also Zeit. Veränderungen und Veränderungswünsche habe eine sehr spannende Dynamik, der ich selbst oft mit Vergnügen folge. Es gibt viel zu entdecken, Hintergründe, die unser Denken und Sehnen verständlich machen und vieles darf probiert oder losgelassen werden. Ich freue mich, wenn ich Sie dazu anregen kann, bei sich selbst mit einer Art von »Farbenlehre« zu beginnen. Geht es Ihnen um mehr gelb oder mehr rosa? Was für eine Ente sind Sie wohl?

Manchmal ist es gut, anders zu werden.

 Manchmal ist es aber auch gut zu bleiben, wie man ist.

 Auch wenn wir gut sind, wie wir sind, dürfen wir anders werden, wenn wir möchten.

Die Zukunftsreise

Nicht nur jede Reise, auch jede Veränderung beginnt mit einem ersten Blick. Haben Sie jetzt gestutzt, weil Sie meinen, ich hätte »Schritt« schreiben müssen? Nein, ich habe mich nicht vertan. Ich meine es genauso, wie ich es schrieb. Jede Reise und jede Veränderung beginnt mit einem ersten Blick – und zwar einem in die Seele oder zumindest in die eigene Wunschkiste oder Fantasie, auch wenn wir das oft nicht bewusst mitbekommen. Innere Bilder, Visionen und Fantasien weisen uns wie Fixsterne den Weg. Wir stellen uns etwas vor, träumen von besseren Zeiten, wägen ab, verwerfen, machen neue Pläne und basteln und bauen so an unserer Zukunft oder neuen Konzepten. Innere Filme können dabei helfen, uns zu zeigen, wie das Leben besser oder anders verlaufen könnte.

Die Hirnforschung hat gezeigt, dass es der Veränderung erst einmal egal ist, ob wir sie tatsächlich oder nur in der Vorstellung angehen. Viel entwickelt sich allein dadurch weiter, dass wir ein »Bild davon haben, wie etwas sein soll oder bleiben könnte«. Im Moment stehen Sie ja offenbar vor einem neuen Schritt, da finde ich es ratsam, die beiden großen Alternativen zu betrachten. Was passiert, wenn Sie nichts unternehmen? Was wird anders, wenn Sie anders sind? Mithilfe solch einer kleinen inneren Reise können wir uns nicht nur besser in unser Leben hineindenken, sondern wir können auch leichter zu einer Entscheidung finden. Sie sehen im inneren Kino ganz direkt, wie Ihr Leben sich gestalten wird, wenn Sie aktiv werden und auch, wie sich die Jahre gestalten könnten, wenn Sie weiter warten oder sich gegen eine Veränderung entscheiden. Es kann beides gut sein und beides weniger günstig. Der Film wird Ihnen helfen, Ihre eigene Motivation zu entdecken. Im Grunde sind diese Träumereien die effektivsten Bildungsreisen, die ich kenne. Ich stelle mir etwas vor und ich erkenne: So soll es sein, so nicht, so schon eher und ja, ach ja so und, oh, das wäre auch sehr schön und eine Veränderungsversuchung wert. Wo immer Sie Ihr Weg in diesem Buch auch hinführen wird, er beginnt ganz sicher mit einem Wunsch, der nun zu einem kleinen Drehbuch wird. Nachdem Sie sich an Ihren inneren Bildern erfreut haben, ist der erste Schritt bereits getan. Dabei ganz wichtig: Der Film sollte Sie wirklich erfreuen. Es ist Ihr Leben!

Stellen Sie sich vor, Sie wären der Schöpfer, die Schöpferin Ihrer eigenen Realität, Ihrer Zukunft. Versuchen Sie bei dieser Übung nicht zu fühlen, sondern betrachten Sie sich ganz »nüchtern«, als würden Sie im Kino sitzen. Zwei Filme wird es gleich geben:

Der 1. Film: »So ist es und so bleibt es!«
Der 2. Film: »Entwicklung leben«

Lehnen Sie sich also entspannt in Ihrem Kinosessel zurück und lassen Sie den Film abspulen, der Ihnen zeigt, wie Sie heute sind und leben. Wie sehen Sie aus, in diesem Moment, mit diesem Alter, das Sie gerade haben? Was tragen Sie? Wie sind Ihre Haare geschnitten? Welche Interessen haben Sie? Was essen und trinken Sie gerne? Welche Ziele verfolgen Sie gerade? Machen Sie sich bewusst, welche Erwartungen, Annahmen, Gedanken Sie hinsichtlich Ihres eigenen Lebensweges haben, wenn »alles so weitergeht wie bisher«. Stellen Sie sich vor, wie Sie in zehn Jahren aussehen werden. Sehen Sie den Gesichtsausdruck? Wie werden Sie in fünfzehn Jahren leben? Stellen Sie sich dies bildlich vor. Betrachten Sie sich. Gefällt Ihnen das Bild? Sehen Sie in sich einen zufriedenen und glücklichen Menschen? Welche Lebensqualität steckt in dieser Vorstellung? Gehen Sie im Alter immer weiter. Wie und wo leben Sie, wenn Sie 75 Jahre alt sind? Was werden Sie Ihren Nachkommen oder jungen Menschen von Ihrem Leben erzählen. War es gut, so wie es war? Betrachten Sie Ihr Gesicht, den Ausdruck Ihrer Augen. Sind Sie zufrieden und haben Sie alles ausgelebt, was in Ihnen steckt … auch in Bezug auf Ihre Wünsche?

Wenn der Film zu Ende ist, dann fragen Sie sich, ob Sie mit dem Film zufrieden sind. Es geht nicht um gut oder schlecht – das gibt es nicht, denn es ist ja Ihr Film. Sie entscheiden, ob Sie von Ihrem eigenen Leben gut unterhalten wurden. Niemand sonst.

Nun kommt der zweite Film. In diesem stellen Sie sich vor, Sie hätten sich ganz und gar dazu entschieden, ab jetzt Ihren Mut, Ihre Stärke, Ihre Ziele und Ihre Sehnsucht zu leben und würden sich fortan nicht mehr zurücknehmen, sondern Ihre Träume verwirklichen. In diesem Film sagen Sie JA zu Ihrer Entwicklung und sind interessiert an sich, an neuen Impulsen und an Veränderungen, die möglich sind. Wie wirken Sie in diesem Film, in dem Sie nicht nur wach und neugierig sind, sondern auch einen sicheren Instinkt dafür haben, was gut für Sie ist und der Ihnen hilft, an sich und an das zu glauben, was Sie als Mensch und Persönlichkeit ausmacht. Was für ein Mensch sind Sie nun auf der Reise Ihres Lebens? Haben Sie ein volles Gepäck und guten Proviant? Was werden Sie zu berichten haben, haben Sie Menschen begeistert und mitgenommen – Mut gemacht? Wie sehen Sie in diesem erfüllten Leben mit 75 Jahren aus? Dieser Mensch, den Sie vor Ihrem Inneren haben, hat er etwas, das Sie glücklich machen könnte und wenn Sie ihn fragen würden – würde er Ihnen empfehlen *Ihr Glück zu wagen*?

Machen Sie nun eine kleine Pause, setzen Sie sich hin und vergleichen Sie beide »Lebensläufe«. In welcher Vorstellung empfinden Sie sich angenehmer, zufriedener, glücklicher? Welche Bilder üben auf Sie eine stärkere Anziehung, größere Motivation aus? Welche der beiden Zukunftsvorstellungen möchten Sie leben? Es gibt zwei Wege. Treffen Sie ganz bewusst die Entscheidung, welchem Weg Sie ab jetzt mehr Aufmerksamkeit schenken möchten.

Es wäre spannend, wenn Sie sich jetzt ein paar Notizen von dem Erträumten machen würden, um diese über einen längeren Zeitraum immer wieder einmal zu lesen. Falls Sie sich dafür entschieden haben, den zweiten Film zu realisieren, bin ich bei Ihnen. Sie können natürlich auch weiterlesen, wenn Ihnen der erste Film sympathischer ist, nur richtet sich mein Angebot eher an die Menschen, die sich ihren Impulsen stellen möchten. Mal sehen, wie nahe Sie Ihrem Traumbild kommen werden, oder ob es sich noch einmal verändern wird. Die, die im alten Leben bleiben möchten, könnten doch noch Appetit bekommen und die, die starten möchten, legen vielleicht noch eine Pause ein. Alles ist möglich und alles ist erlaubt. Aber vielleicht sind Ihnen auch bereits Ideen und Gedanken gekommen, wie Sie aktiv im realen Leben Ihres eigenen Glückes Schmied werden können. Möglicherweise geht es gar nicht um das große Hufeisen, aber sicher sehen Sie bereits jetzt schon ein paar Möglichkeiten, wie Sie Ihrer Zufriedenheit, Ihrem Glück, Ihrem Wesen noch mehr Raum geben können. Erste Impulse haben sich bei Ihnen ge-meldet, auch wenn Sie in manchen Momenten zögerlich sind. Impulse sind dafür da, dass man sie betrachtet und ihnen im Leben einen Raum für Reflexion und Verwirklichung gibt. Und damit fangen wir jetzt an.

TEIL 1

DER IMPULS

Kapitel 1

Warum möchten Sie anders werden?

*Die reinste Form des Wahnsinns ist es, alles
beim Alten zu lassen und gleichzeitig zu hoffen,
dass sich etwas ändert.*

Albert Einstein

Wie sieht es bei Ihnen aus? Haben Sie, ähnlich wie viele meiner Klienten, auch ein oder mehrere Dinge an sich zu beanstanden, die Sie enttäuschen, sehnsüchtig oder traurig machen oder die Sie geradezu auf die Palme bringen? Ist Ihr innerer Schweinehund stärker als Sie? Trickst Sie Ihr Fernseher regelmäßig aus? Rufen verführerische Stimmen aus dem Kühlschrank, sodass Sie gar nicht anders können, als den Schokoladenpudding endlich zu erlösen oder dem Bier seinen freien Lauf zu lassen? Fühlen Sie sich, wie ich, gelegentlich mittelmäßig? Möchten Sie andere nicht enttäuschen, oder versuchen Sie mittels eines neuen Verhaltens oder Auftretens jemand für sich zu gewinnen? Gibt es jemanden, dessen Auftreten oder Ausstrahlung Sie neidvoll betrachten und dem Sie so gerne ähneln würden – und sei es auch nur ein ganz klein wenig –, aber irgendwie gelingt das nicht? Oder gibt es Menschen in Ihrem

Umfeld, denen Sie sogar ähnlich sind, die aber dennoch erfolgreicher leben und arbeiten als Sie? Gibt es etwas, das Sie jemandem, möglicherweise Ihrem Chef, Ihrem Vater oder Ihrer Mutter »beweisen« wollen? Möchten Sie »einfach nur natürlich und authentisch« sein, wissen aber gar nicht so recht, wie das geht?

Wenn Menschen das Bedürfnis haben sich zu verändern, gibt es dafür einen, eher jedoch verschiedene Gründe. Eine Vielzahl von Gründen sind nach meinen Beobachtungen auf den Wunsch nach »Anerkennung« oder »Liebe« zurückzuführen. So einfach ist das und fast wäre damit alles gesagt, wäre das Thema auf den zweiten Blick nicht doch ganz schön diffizil. Menschen, die sich verändern wollen, tun das aus einer Hoffnung oder einem Anlass heraus. Etwas ist passiert und mit einem Mal ist man nicht mehr recht so wie man vorher war. Wie bei Barbara, die als Sekretärin arbeitet. Barbaras Arbeitszeit könnte man mit Achtstundenplus beschreiben. Sie erledigt in ihrer Zeit all das, was zu ihrem Aufgabengebiet gehört und dann kommt immer noch ein Plus durch Kollegen, Vorgesetzte oder unerwartete Kundenanfragen hinzu. Da Barbara eine sehr gute Sekretärin ist, sehr loyal und darüber hinaus ungemein hilfsbereit, häuften sich in der Vergangenheit die Unterstützungsbitten so, dass Barbara am Wochenende in den Betrieb fuhr, um »endlich mal in Ruhe« ihrer eigenen Arbeit nachgehen zu können. Mit der Zeit wurde Barbara immer unzufriedener, bis ihr eines Tages ein Licht aufging: »Ich sah in den Spiegel und auf einmal wusste ich, wenn ich weiter Everybody's Darling bleiben würde, dann würde das für mich absoluter Stillstand bedeuten – ganz einfach, weil mir für meine Interessen und meine Weiterentwicklung auf Dauer Zeit und Kraft fehlen würde. Wo war der Raum für die Ziele, die ich mir gesteckt hatte? Ich kam ja nicht mehr dazu. Der Englischkurs, die Malgruppe, das Theaterspielen. Als wäre ich eine Salami, hatte ich scheibchenweise immer mehr zurückgesteckt, mit dem Erfolg, dass ich weniger wurde und andere satt. Aber ich kann es nicht ändern, denn wenn ich versuche eine Aufgabe abzulehnen, dann legt man mir die Mappe dennoch auf den Tisch. Meine Kollegen nehmen mein Nein gar nicht wirklich ernst und ich frage mich, wann ich je ernst genommen wurde. Zurückblickend hat es mir schon immer an Durchsetzungskraft gemangelt. Ich bin doch für die meisten nur die kleine Tippse und habe zu machen, was andere sagen.« Nicht genug, dass andere Menschen uns nicht so respektvoll behandeln, wie wir das gerne hätten; wenn wir uns nicht gut fühlen, dann passiert es schnell, dass wir uns auch noch selbst auf die Rutschbahn der Selbstabwertung setzen. Und Selbstabwertung verhindert, dass Sie etwas mit Abstand betrachten und neu ordnen können, denn Sie stecken zu stark in Ihren Emotionen drin. Der Strudel der Gefühle dreht Sie dann mit sich um die eigene Achse und dadurch bleiben Sie nicht nur im abwertenden Gefühl, sondern stecken auch weiter in der Situation fest. Damit zum Beispiel Barbara tatsächlich etwas verändern kann, muss sie es schaffen, aus dem Strudel herauszutreten, die Situation von außen betrachten und möglichst neutral mit sich umgehen. Neutral bedeutet weder Räuber noch Opfer zu sein und schon gar nicht eine Tippse. Was Barbara sicher hilft, ist überhaupt zu bemerken, dass das Fass voll ist und sie auf diese Weise nicht mehr leben will. Neben all dem Ärger ist etwas Wunderbares geschehen, denn das bloße Registrieren dieser Situation zeigt auf: Ein Anfang ist gemacht!

Wie ist das bei Ihnen? Wer oder was hat Sie dazu veranlasst, über sich, Ihre Persönlichkeit, Ihr Verhalten nachzudenken? Was ist passiert? Warum sind Sie nicht gut so, wie Sie jetzt gerade sind? Und … handelt es sich dabei um eine kleine Sache oder geht es um Renovierungsarbeiten oder gar eine Grundsanierung Ihres Selbst?

Wenn sich etwas ändern soll, wenn Sie sich ändern möchten, dann kommen Sie nicht umhin, darüber nachzudenken, was der Auslöser für diesen Wunsch ist. Es gibt Gründe, die dabei durchaus sinnvoll sind, etwa, dass man gesünder und selbstzufriedener leben möchte. Es gibt aber auch unsinnige Gründe und es gibt Veränderungswünsche, die gar nicht zu realisieren sind. Aus einem Ackergaul wird nie ein Zirkuspferd, lautet eine Bauernweisheit, was aber nicht bedeutet, dass nicht auch Ackergäule ihren Platz im Zirkus finden können, wenn sie unbedingt möchten. Jeder hat das Recht auf sein eigenes Zirkusprogramm. Nicht nur der Gaul, auch Sie!

Die meisten Menschen, die ein Sehnsuchtsziel im Herzen tragen, hätten gerne einen Zauberer, der das für sie schnell regelt. Dabei ist ganz oft der Weg in die Veränderung schon der Genuss – wenn man die richtige Formel für sich gefunden hat. Wenn Sie die Formel bereits kennen würden, dann hätten Sie dieses Buch nicht in die Hand genommen. Sie wüssten dann bereits, »wie es geht« und wären darüber hinaus steinreich. Vermutlich wäre auch ich dann bei Ihnen Kunde. Aber ohne Reflexionsprozess kann es sein, dass auch der beste Zauber nichts bewirkt. Denn wenn man etwas verändern will, dann sollte man sicher sein, dass die Veränderung tatsächlich in das Leben passt. Nicht umsonst heißt ein schlauer Spruch: »Achte auf deine Wünsche, denn sie könnten wahr werden!« Dass Sie sich mit sich selbst beschäftigen wollen, zeigt mir und Ihnen, dass auch Ihre Formel an einer Stelle klemmt. Ich wage weiter die Vermutung, dass die Veränderung deswegen noch nicht angestoßen wurde, weil das Ziel Ihrer Wünsche noch nicht stimmig war. Nicht passend zum Kontext, zu Ihrem Leben oder zu dem, was Sie wirklich wollen und in Ihrer Seele tragen.

Veränderung wird dann möglich, wenn Sie eine bestimmte Sache auch wirklich verändern möchten. Wenn das Ziel erreichbar ist, in unser Leben passt und wir davon ausgehen können, dass es zu dem Erfolg führt, den wir uns wünschen.

 Das Ziel von fast jedem Veränderungswunsch ist Anerkennung oder Liebe.

So einfach soll das sein? So einfach und so schwer ist es. Überprüfen Sie selbst, was immer auch Ihr Wunsch ist, vermutlich steckt das eine oder das andere als Sehnsuchtsziel dahinter. Der Karrieresprung – Anerkennung oder Liebe? Die neue Figur – Anerkennung oder Liebe? Der Wunsch, akzeptiert zu werden – Anerkennung oder Liebe? Die Sehnsucht nach Anerkennung und Liebe ist in uns angelegt und zutiefst menschlich. Wir können uns Liebe und Anerkennung sowohl von Fremden, als auch von Freunden, Familie oder dem Partner wünschen. Bei dem Bedürfnis nach Liebe möchten Sie durch Ihre Veränderung Zuneigung, Wärme, Herzlichkeit und Wertschätzung empfangen. Beim Wunsch nach Anerkennung geht es darum, dass ein anderer Mensch durch Ihre Veränderung Ihre Arbeit, Ihr Engagement, Ihre Unterstützung oder Hilfe würdigt.

Ist Ihnen bereits ein Gedanke gekommen und sind Ideen entfacht, mit was oder wem Sie Ihre Veränderung in Verbindung bringen? Ist das, was Sie sich wünschen Liebe, oder suchen Sie Anerkennung?

Wer soll Sie anerkennen oder lieben?

Ihr Partner
Ihre Liebste
Ihre Chefin
Ihr Kind
Der Verein
Die Freunde
Sie sich selbst
Der liebe Gott?

Und mit was möchten Sie dieses Ziel erreichen? Wollen Sie geduldiger oder aktiver werden, nörgeln Sie an Ihrem Äußeren herum oder hoffen Sie auf den großen Sieg, wenn Sie endlich Süchte beenden oder keine Heimlichkeiten pflegen?

Fragen Sie sich, was dahintersteckt. Anerkennung oder Liebe?

Und was wäre ganz konkret anders, wenn Sie anders wären? Können Sie das jetzt schon sagen?

_____

_____

Es ist sehr hilfreich, die Wurzel des Wunsches zu verfolgen. Möglicherweise werden Sie nicht nur einen Wurzelstrang, sondern ein ganzes Wurzelgeflecht entdecken. Genährt wird das Beet von der Sehnsucht nach Anerkennung und Liebe, konfrontiert werden wir mit Anforderungen, Erwartungen und Bedingungen, die wir sehen, hören oder uns selbst stellen:

* Erwartungen anderer Menschen (»Wenn ich den Job will, dann muss ich kommunikativer werden.«)
* Annahmen (»Nur wer ein Strahlemann ist, wird gesehen!«)
* Allgemeine Vorgaben (»Ich wäre erfolgreich, wenn ich es endlich schaffen würden, Fristen einzuhalten.«)
* Gesellschaftliche Vorgaben (»Echte Männer wissen, was sie wollen!« – »Echte Ladys sind nicht vorlaut!«)
* Kirchliche Regeln (»Ich will nicht heiraten, aber das ist unmoralisch.«)
* Familiäre Hoffnungen (»Sie bauen doch so auf mich!«)
* Innere Verpflichtungen (»Ich muss das Studium schaffen, damit ich ihnen all das Gute zurückgeben kann!«)
* Rechenschaft gegenüber sich selbst (»Ich habe mir immer vorgenommen, viel zu reisen und nun fahre ich immer nur an den Gardasee.«)

Menschen, die sich verändern möchten, wollen oft nicht enttäuschen – weder sich noch andere. Dabei werden wir von Vorbildern, Rollen, der Mode und allgemeinen Tendenzen geprägt. Henriette, eine junge Frau, beschrieb ihre Verunsicherung so: »Es gibt eine Menge weiblicher Stars oder Models, die vulgär angezogen sind und sich vulgär benehmen. Manchmal blicke ich nicht mehr durch … muss man heute vulgär sein, um geliebt zu werden?« Die Menschen um uns herum dienen uns als eine Art Vorlage für Handlungsmöglichkeiten. Wir betrachten andere und wägen ab, ob diese Menschen die Formel gefunden haben, die beliebt, zugehörig und glücklich macht. Und viele Wünsche sind geprägt von den Erwartungen unseres Umfelds: »Ich will das eigentlich nicht, aber ich muss es tun, weil ich sonst nicht dazugehöre.« Dafür gibt es viele Beispiele:

* Ich muss Fitness machen, weil meine Figur sonst nicht gefällt.
* Ich muss einen Businesskoffer haben, weil ich sonst als Trainer nicht ernst genommen werde.
* Ich brauche eine teure Uhr, weil erfolgreiche Männer teure Uhren tragen.
* Ich muss lernen mich anzupassen, damit mein Team mich mag.

Wenn Sie anders sein wollen, dann wollen Sie das vermutlich deshalb, weil Sie einen Menschen vor Augen haben, der anders und damit besser ist als Sie. Es sind Vergleiche, die uns unzufrieden machen und/oder als Ansporn dienen. Vergleiche an sich sind gesund, denn sie mobilisieren und motivieren. Ohne den Vergleich, würden wir heute noch in kalten Stuben sitzen.

Der ganze Wettbewerb unserer Gesellschaft ist auf Vergleich ausgerichtet und sehr oft dient das einem guten Zweck. Wirft man nur einen Blick auf die medizinische Forschung, so können wir froh sein, dass es Vergleiche gibt und Wissenschaftler miteinander konkurrieren. Unternehmen vergleichen sich und lernen voneinander. Man nennt diese Methode Best Practice. Vergleiche werden erst dann zu einem blockierenden Phänomen, wenn wir sie nicht genau betrachten und sie damit unreflektiert auf unser Leben wirken lassen.

Als ich während meines Studiums ein Praktikum bei meinem damaligen Lieblingsverlag machte, da war ich überglücklich und lief staunend durch die Tage, die voller Buchstaben und Namen bekannter Autoren waren. Während des Praktikums traf ich einmal Michael, ein Studienkollege von mir. »Und machst du auch Verbesserungsvorschläge?«, lautete seine erste Frage. Verbesserungsvorschläge? Mein Lieblingsverlag war perfekt. Größen wie Janosch und Christine Nöstlinger hatten dort publiziert! Michael schaute mitleidig lächelnd zu mir herab. In seinem Blick lag der Satz: »Du lernst es auch nie!« Sofort begann ich mich innerlich zu beschimpfen. Natürlich, andere kamen in ihrer Karriere weiter, weil sie kritisch und wach waren und ich träumte wieder einmal nur dahin. Niemals würde man mich beruflich ernst nehmen. Michael kostete meine Denkpause genüsslich aus. Er würde es zu beruflicher Anerkennung bringen. Ich niemals, wenn ich so blieb, wie ich war. »Und du machst dir wohl viele Notizen?«, erkundigte ich mich kleinlaut und sauber geführte Ablagen und Ordner stapelten sich vor meinem inneren Auge. »Ja, und weißt du«, erklärte er mir väterlich, »es ist mir sogar so wichtig, dass ich meine Notizen immer dabeihabe.« Dann griff Michael in die Hosentasche und fingerte einen schmuddeligen kleinen Zettel hervor, auf dem nicht mehr als drei lausige Ideen standen.

Michael hatte nichts, was mir fehlte, aber in Windeseile hatte ich es geschafft, dass er in meiner Fantasie viel schlauer und cleverer war als ich.

Viele Menschen äugen so sehnsüchtig auf andere Menschen, Teams, Beziehungen oder Familien, die es anscheinend »geschafft« haben und die ganz offensichtlich glücklicher, erfolgreicher oder harmonischer leben als man selbst. Menschen, die Anerkennung finden und denen man gerne Liebe schenkt. Auch Sie sind so ein Mensch und es gab eine Zeit, da haben Sie dies sogar gewusst!

Paradiesische Zustände

Es gab einmal eine Zeit in Ihrem Leben, in der Sie nicht den Wunsch hatten, anders zu sein, weil Sie gut waren, so wie Sie waren. Lassen Sie uns gedanklich in Ihre Kindheit zurückgehen, und zwar in Ihre allererste Lebensphase. Babys finden sich gut so, wie sie sind. Vielleicht hatten Sie Bauchweh, Hunger oder Langeweile, aber Sie wünschten sich keinen anderen Hintern und nörgelten nicht an sich herum, weil Sie nur zwei, anstelle von drei Krabbelschritten schafften. Ich habe früher als Erzieherin im Heim gearbeitet und weiß, dass auch in den sozial schwächsten Gebieten, Menschen glänzende Augen bekommen, wenn sie ein Baby sehen, füttern oder streicheln. Sie fühlen sich stolz, beglückt und beschenkt und geben diese Empfindungen an das Baby weiter. Die Gefühle von Liebe haben erst einmal nichts mit Bildung zu tun, es handelt sich hier um Urgefühle. Solange Menschen noch *Menschlein* sind, werden sie zumeist umsorgt, geherzt und geliebt. Babys empfangen diese Liebe und lächeln. Das Lächeln verzückt die Eltern, die nun noch mehr dafür tun, damit das Baby wieder lächelt.

»Ohhh, ist die süß!«

»Gott, ist der goldig!«

Haben Sie ein Babyfoto von sich? Dann nichts wie her damit:

Und … waren Sie nicht supersüß? Ich muss lächeln, obwohl ich das Bild gar nicht sehe. Babys und kleine Kinder sind schutzlose Wesen, deswegen hat die Natur sie so appetitlich gemacht. Mutter Natur will, dass wir uns gerne um kleine Kinder kümmern. Und das tun wir. Wir überschütten sie mit Liebe und Zuneigung. Zeig mir ein Kind und ich werde lächeln. Selbst dann, wenn es die Hosen voll oder eine Rotznase hat. Kinder fühlen diese Liebe und haben keinen Grund sich zu ändern.

So war das vermutlich auch bei Ihnen. Die Welt war gut und Sie waren gut! Als Sie als Baby selbstvergessen mit Ihren Daumen spielten, mangelte es Ihnen weder an Elan, noch an Organisationsvermögen oder strategischem Denken. Ihre Persönlichkeit hatte genug Charme und Esprit und Ihre Selbstmotivation war genau in dem Maß vorhanden, wie Sie sie brauchten, um an der Bettdecke zu ziehen oder am Ohr des Teddybären zu nuckeln.

Egal, wie mickrig Ihr Kinderwagen in Wirklichkeit war, für Sie war er genau richtig, und Sie schielten nicht auf andere Kinderwagen, um zu prüfen, ob die schickere Räder oder ein besseres Dach hatten. Der Kinderwagen wurde weder tiefergelegt noch höhergeschraubt, und Ihre Mutter, oder wer auch immer den Kinderwagen schob, hatte exakt die richtige Anzahl an PS. Sie sehnten sich auch nicht nach längeren Haaren, dünneren Oberschenkeln oder einem kleineren Bauch. Keine Einjährige schielt nach dem Aussehen einer anderen. Kein kleiner Junge will exakt den gleichen Schnuller wie ein anderes Baby haben und giert auch nicht nach einer Schnullernummer größer.

Damals, in dieser schönen Zeit, gab es keinen inneren Schweinehund, den Sie überwinden mussten, und es brauchte keine »Work-Life-Balance-Übungen«, um nicht völlig durchzuknallen. Keine hässlichen inneren Dialoge, in denen Sie sich herunterputzten, weil Sie *mal wieder etwas vergessen* hatten, *faul* waren oder sich *völlig daneben* präsentierten haben.

Alles war gut in dieser paradiesischen Zeit der Annahme und Selbstannahme. Alles perfekt, super, wunderbar, passend, genial. Nur ging diese Zeit leider viel zu schnell vorbei. Was danach kam, war etwas, dem Sie heute noch begegnen und das Sie so quält, dass Sie sich immer mal wieder verändern möchten. Es ist der Vergleich. Die Konkurrenz. Das Schielen auf andere. Das Bewerten, Wollen, Nacheifern, alles mit der Hoffnung, wieder in den paradiesischen Zustand von Annahme und Selbstannahme zu kommen.

Vergleiche mit anderen

Wenn man Mütter oder Väter fragt, dann weisen sie meist weit von sich, dass sie es sind, die als erste ihre Kinder mit anderen in Konkurrenz bringen. »Jedes Kind ist doch für sich schön!«, höre ich sie sagen. Aber genau im Kleinkindalter fallen auch die ersten Bemerkungen, die klarstellen, dass wir eben doch keine kleinen vollkommenen Gotteswesen waren oder sind. Die Vergleiche geschehen zumeist unbewusst, sozusagen über die Dächer der Kinderwagen hinweg: »Es ist unglaublich, aber Sven kann jetzt schon mit dem Löffel essen. Das geht alles soooo rasant. Und Lara?« Lara kann das noch nicht und sie weiß auch nicht, was »mit dem Löffel essen« bedeutet, aber am Abendbrottisch ist der Löffel auf einmal Thema und nicht mehr ihr süßes Kindergrinsen. »Lara, komm… probier mal. Der Sven kann das auch schon und der ist doch so süß! Gell, der ist süß? Und was der Sven kann, das kann Lara auch. Und dann ist sie auch süß!« Eigentlich hat Lara jetzt nur eine Chance: Ihr Geschick gleich auf das Hantieren mit dem kompletten Besteck zu erweitern. Als ich in meinen ersten Berufsjahren als Tagesmutter arbeitete, musste ich einem Zweijährigen ein Obstmesser zu seiner Banane legen, weil in feinen Kreisen das Obst mit Messer und Gabel gegessen wird. Sagte man mir …

Später sind es die anderen Kinder, die uns beibringen, dass es eine Rangliste der Beliebtheit gibt: Warum wollen alle Kinder immer mit Elena spielen und wieso steht Freddy immer im Tor? Die müssen *was haben, was einem selbst fehlt*. Und zwar *alle* und *immer*. Der erste Vergleichsblick ist alles andere als differenziert und heftet sich, weil das am einfachsten ist, erst einmal an Äußerlichkeiten:

»Elena hat aber einen rosa Ranzen!«
»Du doch auch!«
»Nein, hab ich nicht, meiner ist pink!«

»Freddy hat aber richtige Fußballschuhe!«
»Du doch auch!«
»Nein, meine sind nicht richtig richtig!«

Versteh einer die Welt, aber beide Kinder könnten sicher genau erklären, was sie exakt meinen. Aber was – neben der Farbenlehre – viel interessanter ist, sind die Auswirkungen, die unterschiedliche Farbpigmente haben können. Elena scheint beliebt zu sein und Freddy ist es offensichtlich. Folglich müssen beide etwas haben, was uns fehlt. Das »schlanker, besser, höher, schneller«, das in den Kindertagen seinen Ursprung hat, entsteht nämlich nicht durch den einsamen Blick in den Spiegel, sondern indem wir jemanden – und sei es nur gedanklich – neben uns platzieren. Es ist nicht die Farbe des Schulranzens, sondern welche beliebten Mädchen diese Schulranzen tragen. In einem *FAZ*-Artikel war zu lesen, dass Mode längst kein freier Ausdruck mehr ist, sondern ein Gleichheitsdiktat, das inzwischen auch für Jungen gilt. Der Artikel ist nicht etwa im Jahre 1966, sondern im März 2011 erschienen. »Ein Freundeskreis trägt komplett dieselbe Frisur aus England, Röhrenjeans, karierte Hemden. – Niemand zieht einfach irgendwas an. Nur die Nerds« (*FAZ*, 6.3.2011, Gymnasien machen Leute).
Nerds sind die Sonderlinge, Außenseiter, Fachidioten, Computerfreaks oder schwarzen Schafe. Als Kind oder Jugendlicher will man jedenfalls kein Nerd sein. Ein Nerd zu sein, ist im Kindesalter bitter, deswegen streben bereits Kinder eher den Kin-

dern nach, die wie Goldjungen und Goldmädchen wirken. Erst später kann der Nerd zu einer Marke werden.

Ich zeige Ihnen hier ein Foto aus meinen Schultagen.

Die wär ich gern gewesen! *Ich*

Die Dicke da hinten, das bin ich. Und die hier …, die wäre ich gern gewesen. Wie eine kleine Fee. Ganz neidisch war ich auf dieses Kind, deren Namen ich heute nicht mehr weiß.

Ab einem gewissen Alter wollen Kinder nämlich nicht mehr nur Mami und Papi gefallen, sondern »der Welt«. Ihnen wird bewusst, dass es Unterschiede gibt, und dass manche Menschen, manche Kinder besser ankommen als andere. Das ist kein schönes Gefühl. Für mich brach eine Welt zusammen, als ich erkannte, dass meine gleichaltrige Cousine Gabi viel beliebter war als ich. Sie war so sanft und süß. Auf Gabis Geburtstagskarte standen die Worte »liebes Mädchen«, mir schrieb ein Onkel: »Dem kleinen Wurstele zum Geburtstag alles Gute!« Alles Gute! Na, vielen Dank!

Erst viel später erfuhr ich, dass Gabi gern wie ich gewesen wäre. Dieses Phänomen trifft man übrigens sehr oft.

Im weiteren Verlauf des Lebens wird es zunehmend anstrengender, Anerkennung und Liebe zu erhalten. Allein ein Lächeln – wie im Babyalter – genügt nicht mehr. Wir lernen es mit jedem Jahr und wissen es heute sehr genau, dass Eigenschaften, Taten und Worte nötig sind, um Liebe und Aufmerksamkeit zu erhalten. Und Güter. Unser spontanes, authentisches Wesen verwandelt sich vom Babybett bis heute oftmals in eine Art

Kalkül: Wenn ich das und das mache, dann bekomme ich ein Lächeln zurück.

Aus der Hirnforschung ist bekannt, dass nonverbale Botschaften um ein Vielfaches schneller im menschlichen Bewusstsein ankommen als gesprochene. Ein Lächeln oder eine hochgezogene Augenbraue reicht, um uns in Sekundenbruchteilen klarzumachen, ob unser Gegenüber unser Verhalten wirklich schätzt oder eher ablehnt. Schon als Kinder konnten wir diese Sprache dechiffrieren und richteten unser Verhalten darauf aus. Damals, im Kindesalter, wurden wir »*angefixt*« und kamen mit der Droge in Berührung, nach der wir heute suchen. Das Lächeln und wohlwollende Nicken eines anderen Menschen, das in uns Berge versetzen kann. »Mein Chef schickt mir sehr oft als Dankeschön ein Lob«, berichtete mir eine Sekretärin. »Durch Zufall konnte ich ein Telefonat belauschen, das er mit einem Kollegen führte. So eine Mail oder kleine SMS, die spornt sie richtig an, hörte ich ihn sagen. Danach arbeitet sie meist doppelt so hart wie vorher. Sobald die Energie nachlässt, sende ich ein neues Lob und: Es funktioniert!« Selten fühlte sich diese Frau schlimmer benutzt als in dem Moment, als sie das Gespräch belauschte. »Wie konnte ich mich nur für so ein bisschen Lob derart ins Zeug legen?« Tja. Sie wissen es bereits: Es geht um Anerkennung oder Liebe!

Längst erwachsen geworden, zieht es uns fast magisch immer wieder in das Wunderland von Bestätigung und Liebe zurück. Wir rennen der Wurst nach und fassen oft nur einen Zipfel, denn selbst wenn wir geliebt und geachtet werden, gibt es doch immer neue Menschen, die noch nicht gewonnen wurden oder die sogar eine Abneigung empfinden. Nicht alle Menschen werden von allen Menschen gemocht oder geliebt. Ich spreche aus Erfahrung, und sollten Sie gerade zurückgewiesen worden sein, heulen Sie sich gerne – in einer Atempause – aus. Ich kenne das …

Wir wollen die Anerkennung, die andere offenbar mühelos erfahren, den Applaus, die glänzenden Augen und strengen uns dafür richtig an. Der Wunsch nach Liebe und Bestätigung ist der beste Motor, den es gibt. Er lässt uns Berge versetzen, selbst wenn keine sichtbar sind.

Wenn ich schon keine bedingungslose Liebe erhalte, denken sich viele Menschen, so will ich wenigstens die Bedingungen für Liebe erfüllen:

* Ich muss abnehmen, weil mich sonst mein Mann verlässt.
* Ich muss mich mehr anstrengen, damit mein Chef eine bessere Meinung von mir hat.
* Ich muss mich besser präsentieren, damit man meine Talente erkennt.
* Ich muss besser kochen lernen, damit meine Familie zufriedener ist.

Oder bei mir: »Ich darf nicht so spontan sein. Ich bin viel zu sprunghaft. Menschen halten das nicht aus. Ich muss zurückhaltender, stiller sein, sonst falle ich zu sehr auf. Andere sind doch auch nicht so lebhaft, wie ich das bin!«

Unzufriedenheit entsteht in dem Moment, in dem wir uns unreflektiert in Relation zu einem Gegenüber stellen. Das ist der Moment und das ist der Ursprung, auf den sich später viel zurückführen lässt. Und diesem Ursprung, diesem Moment können wir jeden Tag begegnen. Sie können schon an der Tankstelle Unzufriedenheit darüber verspüren, dass jemand schneller tankt als

Sie. Sie können unzufrieden werden, wenn Sie beim Arzt im Wartezimmer sitzen und sehen, dass jemand anderes sich sehr geschmeidig und sehr freundlich mit einer Tafel Schokolade vordrängelt und deswegen vor Ihnen drangenommen wird. Sie denken, das gibt es nicht? Fragen Sie meine Mutter. Ihre Währung ist Schweizer Schokolade. Unglaublich, aber es funktioniert. Sie könnten also in diesem Moment im Wartezimmer sitzen und denken, was bin ich für eine blöde Kuh, dass ich nicht auch auf die Idee gekommen bin, mir ein bisschen Zeit zu sparen, indem ich sehr freundlich mit den Arzthelferinnen umgehe. Und so gibt es über den Tag gesehen viele Möglichkeiten, die Sie unzufrieden werden lassen können, sodass Sie sich am Abend sehr ungnädig im Spiegel angucken, weil Sie wieder einmal festgestellt haben, dass andere besser sind als Sie. Oft genug beruht dieses Gefühl nicht auf einem speziellen Verhalten, sondern setzt sich aus vielen »Andere-sind-besser-als-ich«-Momentaufnahmen zusammen. Beispiele, die uns unzufrieden machen und Gedanken, die verzweigt wie ein Mindmap und in der Regel unreflektiert sind.

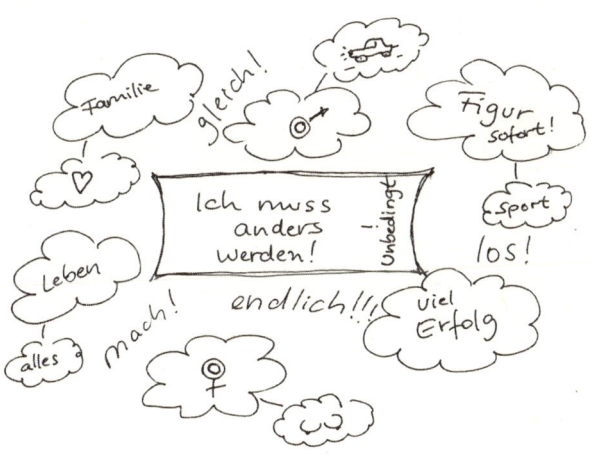

43

Ich darf nicht …, ich bin viel zu …, ich muss …

Das klingt nicht gerade nach einem begeisterten Wunsch, nach einem feurigen Aufbruch in eine strahlende Zukunft, oder? Menschen, die ihren Veränderungswunsch in eine »Wenn-dann«-Beziehung setzen, sind oft selbst nicht von ihrem Vorhaben überzeugt. Dafür spricht schon das Wörtchen »müssen«, das sich in Änderungsvorhaben immer wiederfindet.

Die Änderung ist kein Wunsch mehr, sondern »heilige« Pflicht – und die Veränderung wird damit zum Problem. Das Anderssein wird zu einer Bedingung, von der man meint, dass man sie erfüllen muss, um bei sich oder anderen Menschen »anzukommen«. Zwischen dem Jetztzustand und dem »Ankommen« liegt eine Distanz. Das Boot, das diese Distanz überwinden soll, also von einem Pol zum anderen fährt, nennt man Veränderung. Ob die Veränderung sinnvoll ist und tatsächlich zu Anerkennung und/oder Liebe führt, wird oft genug nicht überprüft und nicht überdacht.

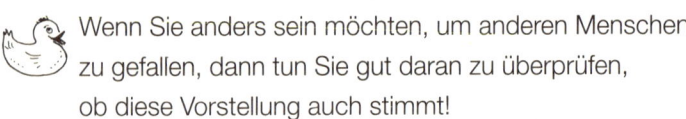 Wenn Sie anders sein möchten, um anderen Menschen zu gefallen, dann tun Sie gut daran zu überprüfen, ob diese Vorstellung auch stimmt!

»Als ich 17 war, war ich total in eine Klassenkameradin verknallt. Weil sie von Typen aus bestimmten Musikbands schwärmte, ließ ich mir die Haare lang wachsen«, erzählte mir ein Klient. »Meine Eltern machten Ärger, die Kumpels im Verein rissen blöde Witze. Ich hielt durch. Als die Haare endlich lang waren, entschied sie sich für einen Typen, der eine Glatze trug.«

So kann's gehen. Also bleiben Sie vielleicht besser bei der Frisur, die Sie gerade tragen, es könnte sich für Sie lohnen, auch wenn Sie das jetzt noch nicht erkennen können.

Oft genug werden wir aber auch mit Erwartungen konfrontiert, die weder ausgesprochen noch diskutiert wurden. Als ich mich kürzlich im Sportstudio auf dem Stepper abplagte, meldete dieser nach etwa 20 Minuten: »Sie haben 20 Prozent des Trainingsziels erreicht.« Wenn man mal davon absieht, dass 15 Minuten für mich schon mehr als genug sind, frage ich mich doch, wer das ist, der davon ausgeht und mir suggeriert, dass eine Trainingseinheit nur dann eine richtige Trainingseinheit ist, wenn ich meinen Körper 60 Minuten lang stähle.

Ich frage Sie nun erneut: »Warum genau möchten Sie also anders werden und für wen genau?« Alles ist erlaubt, wenn Sie sich nicht unter Druck setzen lassen, sich nicht in Abhängigkeiten begeben und keiner falschen Liebe, unpassenden Vergleichen oder unseriösen Versprechungen nachlaufen.

Aber auch wenn Sie das jetzt erkennen, mag es sein, dass Ihr Veränderungswunsch dennoch einen Sinn ergibt. Es ist nicht schlimm FÜR einen anderen Menschen etwas zu tun, solange Sie die Veränderung auch für sich machen und Ihr Selbstwert nicht von der Erfüllung oder Nichterfüllung abhängt. Es kann ein Ansporn sein, eine Motivation, einer Beachtung hinterherzurennen. Doch noch mal ein Aber … das Rennen muss Ihnen Freude machen. Das ist so ähnlich wie mit dem Applaus. Wenn ein Künstler auf die Bühne geht, weil er ohne Applaus nicht leben kann, dann ist das ein sehr schwieriges Leben. Wenn er auf die Bühne geht und Applaus dafür bekommt, was er selbst liebt, dann ist der Applaus ein zusätzlicher Gewinn.

Ich selbst habe erlebt, dass der Antrieb für eine Veränderung durchaus von außen angestoßen werden kann. Ich war 28 Jahre alt, frisch geschieden und verliebte mich in Manuel, den schönen Anwalt aus der Nachbarschaft. Alles wollte ich dafür tun, damit er mich bemerkt. Nach verschiedenen Rechtsstreitigkeiten, die ich vom Zaun brach, war mir klar, dass Manuel sich nie für mich interessieren würde, weil er gebildet und ich ungebildet war. Er war Anwalt und ich ja nuuuur Erzieherin. Ich sah darin ein sehr, sehr unterschiedliches Niveau. Also beschloss ich zu studieren. Das Studium eröffnete mir eine neue große Welt. Manuel lernte ich dann während meines Studiums auf privater Ebene kennen. Wir fanden uns toll und haben uns angefreundet – aber eben ein paar Jahre später. Bei einem Glas Wein erzählte er mir, dass er mich von Anfang an sympathisch fand, er sich nur vorgenommen hatte, nicht mit einer Klientin auszugehen. Das war also der Grund gewesen und nicht, weil ich ungebildet war. Ich bin froh, dass meine Annahme nicht stimmte, und ich bin mir sicher, dass ich, egal mit Manuel oder ohne, irgendwann sowieso studiert hätte, weil mir Bildung und Wissen sehr wichtig sind. Er war mir jedoch ein hübscher Impuls, eine Anregung, um die Veränderung zu wagen. Eine Bedingung hätte bei mir übrigens nicht funktioniert, da Bedingungen mich bockig machen.

 Sie bestimmen Ihre Veränderung. Diese kann von außen angeregt werden. Der Motor der Veränderung aber sind Sie selbst.

Unser Gegenüber, unser ganzes Umfeld bestimmt, ob wir uns als passend oder nicht passend empfinden. Das kann mit sich bringen, dass wir gar nicht besser sein wollen als andere, sondern *wie die*. Endlich nicht mehr auffallen. Nicht mehr so schlau sein, so dumm, so schön, so merkwürdig – die Wünsche sind individuell oft sehr verschieden:

»Ich war immer die Schönste, das war nicht lustig, wissen Sie?«

»Ich war immer die Hässlichste, das ist erst mal unlustig, wissen Sie?«

Gemeinsam ist jedoch allen der große Wille, dazuzugehören. Die rosa Ente möchte gelb sein, um zur Gruppe zu passen. Wenn ich wie die anderen bin, denkt sie, dann bin ich genauso gut.

Auch dieser Wunsch hat einen Hintergrund. Menschen, die zu einer Gruppe gehören, waren in der Urzeit durch die Gruppe geschützt. (»Ich will so sein wie ihr, damit ich mir eurer Liebe und/oder Anerkennung sicher bin. Bin ich geliebt und/oder anerkannt, bin ich geschützt.«) Wer anders war, wurde ausgegrenzt und dadurch auch schutzlos. Vereine, Verbände, Clubs und Netzwerke können mehr bewirken als Einzelkämpfer. Dass das so ist, das haben wir sozusagen in den Genen. Deswegen wollen schon Kinder dazugehören und wenn möglich das gleiche Pausenbrot wie die Banknachbarin im Ranzen haben. Nicht Schinken und Ei, sondern Ei mit Schinken.

Wir möchten auf gar keinen Fall anders sein oder aus dem vorgegebenen Rahmen fallen. Viele Menschen verharren in diesem Wunsch. Sie streben danach dazuzugehören und nicht aufzufallen, schon gar nicht negativ. Die unaufdringliche, gefällige Mitte wird anvisiert. In Japan gibt es sogar eine Steigerung davon: Die »Mitte der Mitte« heißt das erstrebenswerte Ziel dort.

Denn im Gefühl dazuzugehören, stecken Anerkennung und Geborgenheit.

Ziehen Sie die richtigen Vergleiche?

Meine mütterliche Freundin Helga ist 75 Jahre alt. Sie ist eine muntere, selbstbewusste Frau, die für ihr Leben gern wandert. Ihren Urlaub verbringt sie oft mit Wandergruppen in den bergigen Landstrichen dieser Welt. Sie genießt das. Doch beim letzten Mal verlief ihr Urlaub alles andere als angenehm. Sie wurde von einem frühpensionierten Erdkundelehrer (50 Jahre) wandertechnisch fast zur Strecke gebracht. Statt in frischem Tempo die Landschaft zu genießen, machte der diesjährige Wanderleiter aus der Wander- eine Rennstrecke. Ihm ging es darum, möglichst viele Gipfel in möglichst kurzer Zeit zu erreichen. Das Unterwegssein, das Wandern an sich, war ihm weniger wichtig, sein Hauptaugenmerk lag auf dem zügigen Abwandern von Anlaufpunkten.

Vielleicht hatte er sogar ein rotes Notenbüchlein in der Tasche. Helga war jedenfalls keine Einserschülerin. Sie »hing hinten«. Als sie von ihrer Reise zurückkam, erzählte sie mir von ihrem Rennurlaub. Aber statt sich selbst zu kasteien und zu sagen: »Immer war ich die Letzte in der Gruppe. Wäre ich nur schneller gewesen, hätte ich mich nur mehr angestrengt, dann wäre alles gut gewesen!«, stellte sie fest: »So schade es auch ist, diese Art von Wandergruppe passt nicht mehr zu mir.« Bei Helga hatte sich also schlicht die Vergleichsgruppe geändert. Hatte sie früher auch den schnellen Schritt gepflegt, so ist ihr jetzt der gemächliche Schritt sympathisch.

Wenn die Verhältnisse nicht stimmig sind, kann dies einer der Gründe sein, warum man sich falsch, unzulänglich oder anders fühlt: Wenn die Vergleichsgröße nicht passt, dann schafft man es nie und wird auch nicht richtig glücklich. Für den nächsten Sommer entschied sich Helga dafür, eine andere Wandergruppe mit gemäßigten Wanderzielen zu finden und hat eine Kräuterwanderung auf Malta gebucht. Das klingt nach Wandern (was sie liebt) und ist zugleich beschaulich (was sie braucht).

Manche Menschen halten zu lange Zeit an veralteten und überholten Vergleichswerten fest, manchmal ohne es zu merken. Denn im Laufe der Zeit verändern wir uns – und nicht nur wir: Auch diejenigen, an denen wir uns früher gemessen haben, nach deren Anerkennung wir strebten, entwickeln und wandeln sich. Und so kann es sein, dass sich auch aus diesem Grund die Maßstäbe ändern und die Verhältnisse verschieben: Was uns früher erstrebenswert schien, ist uns heute egal – und das, was uns jetzt am Herzen liegt, wird von der Umgebung kaum gewürdigt. Beides Mal ein Zeichen dafür, dass sich etwas in der Struktur verändert hat, denn der Vergleich greift nicht mehr, weil aus irgendeinem Grund die gemeinsame Grundlage fehlt. Vielleicht hat der Vergleich auch nie wirklich gepasst, weil wir von anderem Wesen sind als die Menschen, mit denen wir uns verbinden oder vergleichen wollen.

Gelegentlich haben wir auch Glück und das Leben hilft uns schnell zu erkennen, dass unsere eigene Vorstellung nicht stimmt. So erging es zum Beispiel Paul, einem meiner Klienten, der zu mir kam, weil er in seiner Ehe unglücklich war und nicht wusste, wie er sich, sein Leben und sein Familienleben ändern konnte, um endlich zufrieden zu sein. Sein Traum war, ein erfüllendes Familienleben zu führen wie er es Maurice zuschrieb, einem Arbeitskollegen, der in der Firmenniederlassung in Paris arbeitete. Die beiden kannten sich ausschließlich über die virtuelle Zusammenarbeit und dennoch war daraus im Laufe der Zeit eine richtige Freundschaft gewachsen. Maurice hatte Paul Fotos geschickt, auf denen er mit seiner Frau und seinen beiden Kinder zu sehen war: in, vor und neben dem frisch renovierten Haus, im Garten mit den blühenden Fliederbüschen, Rosenbeeten, alten Eichen und einem Baumhaus für die Kinder. »Ich will auch in so einer Idylle wohnen«, gestand Paul, als er zu mir kam. »Genau genommen, will ich am liebsten das Leben von Maurice kopieren. Mit meiner Frau Elke durchlebe ich gerade eine tiefe Krise. Die Fotos von Maurice wühlen mich auf: Ich bin traurig, weil ich nicht so lebe wie er, neidisch, weil Maurice dieses ganze Glück einfach so hat und ich nicht, und ich bin wütend, weil ich mit Elke nicht vom Fleck zu kommen scheine.«

Paul folgte schließlich einer Einladung von Maurice und besuchte ihn und seine Familie in Paris. Ahnen Sie, was nun geschah? Das Wohnviertel, in dem die Familie wohnte, war sauber-verklemmt, die Kinder würdigten Pauls Mitbringsel kaum eines hochnäsigen Blicks und hockten den ganzen Tag vor dem Fernseher. Die Frau von Maurice hatte sich zurückgezogen. Sie und ihr Mann hatten schon seit längerer Zeit getrennte Schlafzimmer, weil es ein Suchtproblem gab, das drohte, die Familie zu zerstören. Der Garten, in dem sich Fliederbusch, Rosenbeet und Eiche samt Baumhaus befanden, wirkte unbelebt, eher wie eine Kulisse. Es war eine Beziehung, wie es viele gibt. Menschen, die sich mit den Jahren verloren hatten und die gerade dabei waren, das zu erkennen und wieder aufeinander zuzugehen. All die Probleme, die Paul hatte, waren auch Maurice bekannt – nur hatten beide nie darüber gesprochen. Später stellte sich heraus, dass Maurice sein Leben auch deshalb so perfekt darstellte, weil er hoffte, dass der Wunsch irgendwann die Realität nach sich zieht.

Was aus der Ferne so beneidenswert aussah, entpuppte sich als *ganz normales Leben,* mit Höhen, Tiefen, Sehnsüchten, Glück und Schwierigkeiten. Nach seiner Rückkehr aus Paris war er von seinem Neid auf das Leben von Paul kuriert. Zwar war er noch immer unzufrieden, doch erkannte er nun besser, was ihm missfiel und was er gern ändern wollte, statt auf das zu starren, was ein anderer vermeintlich besaß. Er konzentrierte sich vielmehr darauf, wie er sein eigenes Familienglück realisieren konnte. Und es ist ihm tatsächlich gelungen, seinen Traum zu verwirklichen – nach und nach, jeden Monat ein wenig mehr. Einschneidend war für Paul dabei eine Übung zu Beginn: Er bekam von mir die Aufgabe, ein Wochenende lang penibel Buch darüber zu führen, wie seine Frau reagierte, wenn er sie anlächelte oder etwas Liebevolles sagte. Er war ganz erstaunt über ihre Reaktionen und die Häufigkeit des Lächelns, das sich auf einmal zwischen ihnen zeigte. Die Veränderung wurde dadurch unterstützt, dass er den Vergleich hinter sich ließ und stattdessen darauf sah, worin die guten Seiten seiner Ehe bestanden. Wenn er ab jetzt andere Menschen oder Paare zum Vergleich nahm, dann nur, wenn er sie auch richtig kannte und genau wusste, was er von diesen Menschen lernen wollte.

Liebe und Anerkennung zu wollen ist ein legitimer Wunsch. Durch Vergleiche können wir feststellen, was wir konkret gerne hätten. Aber wie lässt sich das dann erreichen? Dafür ist ein genauer Blick nötig: auf das, was ist und das, was wir gerne hätten.

Lassen Sie sich nicht von anderen Menschen einreden, was Glück ist und was Sie genau bräuchten, um glücklicher zu sein. Der Weg in die Veränderung ist ein individueller. Nur Sie können herausfinden, was der Impuls zur Veränderung ist, warum Sie die Veränderung möchten und was die Veränderung in Ihrem Leben bewirken kann. Oder, wie ein Spruch aus Frankreich lautet: »Wandel ist eine Tür, die nur von innen geöffnet werden kann.« Alles andere, äußere Bedingungen, Genörgel und Kommentare sind Hinweise. Nicht mehr. Nicht weniger.

Kapitel 2

Wenn andere Sie gern anders hätten

Oft genug ist man mit sich selbst ganz zufrieden, aber dummerweise die anderen nicht. Andere Menschen geben dann Rückmeldungen und Kommentare, was sie an einem für seltsam, merkwürdig, störend oder verbesserungswürdig halten. Manchmal kommen die Kommentare erbeten, häufig aber ohne, dass wir um ein Feedback gebeten hätten. Seit wir auf der Welt sind, kommentieren Menschen unser Sein, unser Auftreten, unsere Art (und stellen ihre Bedingungen, unter denen sie uns lieben würden!). Wo man hinschmeckt, jede Menge unerbetener Senf:

»Du bist so leise!«
»Du bist zu laut!«
»Sei doch mal ein bisschen rücksichtsvoller!«
»Hör endlich auf, immer so rücksichtsvoll zu sein.«
»Du bist halt nicht du selbst.«

Ist eine Rückmeldung positiv und charmant, dann sind wir erfreut und fühlen uns erkannt. Hagelt es Kritik, dann sind viele Menschen erst einmal getroffen. »Wie? Was? So sehe ich mich nicht. Das habe ich doch gar nicht gesagt!« Kritik von außen irritiert, ganz besonders dann, wenn wir sie nicht nachvollziehen können oder wenn der Mensch, der uns etwas rückmeldet eine Respektsperson für uns ist. Viele Rückmeldungen, die Menschen beispielsweise einst von ihren Lehrern erhielten, sitzen bis heute tief.

»Du kannst nicht singen.«

»Was, schreiben willst du? Bei den Fehlern, die du machst?«

»Wer deine Eltern kennt, weiß warum du komisch bist.«

»Aus dir wird nichts!«

»Ich könnte heulen, wenn ich seh, wie blöd du bist.«

Die schlimmen Kommentare und Rückmeldungen aus der Kindheit, Jugend und auch im Erwachsenenleben, sie wirken nach und deswegen tun Sie gut daran, diesen Sätzen nachzugehen. Ich habe jenen Rückmeldungen, die bis heute »Lähmungserscheinungen« auslösen, ein ganzes Kapitel gewidmet. Es handelt sich dabei um das große Gebiet der Glaubenssätze, das Sie im Kapitel »Was Sie prägt und steuert« finden.

Kommentare erzählen eine Menge über den Menschen, der sich zu dieser Äußerung bemüßigt. Das ist keine neuzeitliche Psychologie, sondern altes Bibelwissen: »Aber was siehst du den Splitter, der im Auge deines Bruders ist, aber den Balken, der in deinem eigenen Auge ist, nimmst du nicht wahr?« Das gilt natürlich nicht nur für andere, sondern auch für uns. Verfolgen Sie mal Ihre eigenen Gedanken, wie oft Sie zum Beispiel über einen Kollegen denken, dass er »nicht normal« und »komplett bescheuert« ist. Denken Sie nur an den Verkehr in unseren Straßen. Wie oft findet man, dass einem anderen Autofahrer »der Lappen entzogen« werden sollte oder fragt sich, warum jemand so langsam oder so schnell fährt. Regionen stehen dafür, ob man ein guter oder schlechter Autofahrer ist: »Natürlich … ein Heppenheimer!« Man selbst weiß es in diesem Moment selbstverständlich besser.

Oft ärgern wir uns über etwas bei anderen, das wir selbst in uns tragen, oder das wir gerne hätten. Wahrscheinlich kennen Sie Situationen wie auf einer Party, auf der eine Frau laut und leicht überdreht, wild gestikulierend eine Geschichte erzählt. Automatisch richten sich alle Blicke auf sie und sie wird zum Mittelpunkt des Partygeschehenes, ohne Rücksicht, ob andere davon genervt sind und sich an den Rand gedrückt fühlen. Bevor Sie sich das nächste Mal nur maßlos ärgern, hilft es ungemein, sich unmittelbar und neutral zu fragen: »Will ich das auch haben?« oder »Habe ich es bereits?« So merken Sie schnell, ob Sie sich ärgern, weil Sie auch gerne mal im Mittelpunkt stehen würden oder weil Sie feststellen, wie ungut sich solch ein Verhalten für andere anfühlen kann. Eine solche Situation kann also, statt einfach nur zu verärgern, eine Menge dazu beitragen, dass man sich selbst besser kennenlernt. Indem wir uns selbst mit freundlicher Neugierde beobachten, können wir viel über uns lernen, was uns weiterbringt und Inspirationen für Veränderungen gibt.

Ähnliche Situationen kommen täglich in allen möglichen Kontexten vor: Sie beobachten eine Kollegin und stellen fest, dass sie etwas in ihrem Wesen hat, das Sie auf die Palme bringt. »Will ich das auch haben?« oder »Habe ich es bereits?« Sie blättern eine Zeitschrift durch und denken sich dabei: Also wie diese Models sich zeigen, das ist ja skandalös! »Will ich das auch haben?« oder »Habe ich es bereits?«

Es ist leicht, aus einem anderen Verhalten einen Gewinn zu ziehen, wenn wir Selbstbeobachtung, Humor und Freude zulassen.

Negative Rückmeldungen

Unangenehme Rückmeldungen, die man empfängt, können sehr verunsichernd sein. Besonders dann, wenn man sie schluckt, ohne vorher gut zu kauen. Sehr oft sind Menschen nämlich von negativen Rückmeldungen derart beeindruckt, dass es ihnen gar nicht in den Sinn kommt, diese Rückmeldung erst einmal auf ihre Richtigkeit hin zu überprüfen. Auf einmal steht ein Veränderungswunsch im Raum, der nur darauf abzielt, dass die schmerzvollen Kommentare endlich verstummen.

Gab es unangenehme Bemerkungen, die Ihnen jetzt einfallen? Wenn ja, dann geben Sie diese gleich hier in den Kompost: Deckel auf, Kommentar rein, Deckel zu. Mal sehen, was im Verlauf der Lektüre daraus wird.

Negative Rückmeldungen haben viele Gesichter. Sie kommen als Vorwurf, Bitte, Vorschlag, Diskussion und Flehen daher. Manchmal sogar als Bitte um einen Liebesbeweis: »Wenn du mich wirklich lieben würdest, dann würdest du das für mich tun!« Hinter allen Worten steht jedoch ein indirekter Vorwurf: Man ist in einem Punkt nicht gut so, wie man ist. Die meisten Menschen bleiben bei den Erwartungshaltungen des anderen hängen und fühlen sich unzulänglich, nicht passend, statt die Erwartungshaltung des anderen zu überprüfen. Sie erinnern sich an das erste Kapitel: Wir wünschen uns von anderen Menschen vor allem Anerkennung und Liebe. Kommentare – mögen sie noch so schmerzvoll sein – erscheinen erst einmal wie ein Weg. »Wenn ich es so mache, dann liebt sie mich!« Oder wir gehen davon aus, dass es ein anderer gut mit uns meint, weil er es vielleicht sogar noch betont. »Ich will dir mal was sagen, denn ich meine es gut mit dir. Hör mal auf, dich so in den Vordergrund zu drängeln, und lass dem Volker dieses Projekt. Du brauchst das doch gar nicht für deine Karriere!« Manche Menschen meinen es »gut« mit uns, die uns häufig gar nicht *wirklich* kennen. Wenn Sie im Angestelltenverhältnis berufstätig sind, dann ereilt Sie diese Rückmeldung regelmäßig im sogenannten »Mitarbeitergespräch«. Natürlich soll es in diesem Gespräch nicht nur um Kritikpunkte, sondern vor allem auch um Förderung gehen, aber ich bin mir nicht sicher, ob alle Führungskräfte das auch wissen. Sehr häufig bekommen Menschen in diesen Gesprächen gesagt, wie sie anders und damit besser sein sollen. Aber geht es wirklich um den Menschen, oder um den Profit einer Abteilung, den Zugewinn für das Unternehmen? Dann, so finde ich, sollte das auch so gesagt werden. Es macht einen Unterschied, ob man in einem Bewertungsgespräch gesagt bekommt: »Also, ich finde Sie können mehr und ich möchte das in der Vorlage so festhalten, dass Sie hier zusichern, mit allen Ressourcen den angestrebten Umsatz zu erreichen.« Oder ob man hört: »Wir müssen mehr Umsatz generieren, davon sind auch Sie betroffen. Was Sie bis jetzt abgeliefert haben, reicht der Unternehmensleitung nicht. Wie sieht's aus, wollen Sie noch mitspielen und wenn ja, wie hoch? Wir müssen eine Zahl notieren.«

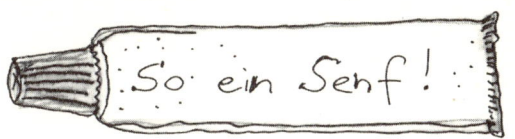

Ich möchte Sie auch mit einer ganz besonderen Tücke bekannt machen, die ich aus Zielvereinbarungsgesprächen immer wieder zugetragen bekomme, und Ihnen dafür die Geschichte von Zoé erzählen. Zoé ist 25 Jahre alt und eine hochbegabte und sehr engagierte junge Frau. Ich kenne sie aus einem Mentoringprogramm. Obwohl sie noch sehr jung ist, betreut sie bereits ein kleines Team in ihrem Unternehmen. Nun wird das Unternehmen umstrukturiert und Zoé soll mit ihrem Chef und ihrer Aufgabe in ein anderes Fachgebiet, Controlling, umziehen. Das will sie nicht, also hat sie in einem Mitarbeitergespräch darauf hingewiesen und um eine Tätigkeit in einem anderen Bereich gebeten. Ihr Chef wurde sehr schnell mürrisch. »So wird aus Ihnen nichts!«, meinte er. »Sie sind ja viel zu emotional und dadurch richtig unflexibel! Arbeiten Sie an sich, damit Sie sich nicht Ihre beruflichen Entwicklungsmöglichkeiten verbauen.« Zoé kam zu mir, bat um ein Coaching. Sie wollte anders werden, an sich arbeiten, weil sie die Rückmeldung ihres Chefs, da Respektsperson, sehr ernst nahm. »Ich bin zu emotional!«, meinte sie. »Zu unflexibel!« Zoé glaubte ihrem Chef und ging davon aus, dass er es, da wesentlich älter als sie und irgendwie auch väterlich, gut mit ihr meinen würde. Das stimmt so aber nicht. Viele Rückmeldungen kommen aus einer sehr egoistischen Ecke und dienen weniger dazu, einen Mitarbeiter zu fördern, als es sich selbst leichter zu machen. Lange sprachen Zoé und ich über ihre Situation und sehr schnell wurde ihr klar, dass sie als so begabte Frau gut daran tat, nach einem beruflichen Umfeld zu schauen, in dem sie alle ihre Talente zeigen darf. Sie ist nicht zu emotional und nicht unflexibel, sondern sie übernimmt Verantwortung für ihr Leben und das ist genau richtig. »Aber warum sagt mein Chef dann so etwas?«, fragte sie mich ratlos. Vielleicht, weil es eine erfolgreiche Strategie ist, Menschen zu kritisieren, da sie sich dann erst einmal mit sich selbst beschäftigen, sich fehlerhaft, unreif und klein fühlen und sich mit dieser inneren Haltung sicher nicht woanders bewerben. »Dein Chef will dich vermutlich behalten! Und für die Zeit eines Coachings hat er das ganz sicher geschafft. Würde er auf dein Talent und deine Bedürfnisse eingehen, dann müsste er dich weiterempfehlen. So bleibst du ihm und seinem Team erhalten und er weiß, dass er mit deinem vollen Einsatz rechnen kann.«

Wenn andere Menschen Ihnen also eine Rückmeldung geben, ihren Senf auf den Teller drücken, dann heißt das nicht immer, dass Sie wirklich in einem Punkt falsch gepolt sind oder der Impuls zu Ihrem Wohle ist, auch wenn Letzteres oft betont wird. Wie gesagt: Oft genug geht es einem Gegenüber mehr um sich selbst, mal bewusst, mal unbewusst. Sie können nicht in andere Köpfe schauen, aber Sie können lernen, Aussagen anderer Menschen auf ihren Wert hin zu überprüfen. Erkundigen Sie sich nach Beispielen, fragen Sie, wann und wo das Verhalten bemerkt wurde und wie eine Lösungsidee aussehen könnte. Vielleicht mögen Sie die Idee ja nicht und dann kommt diese Form der Lösung nicht infrage. Gibt es Alternativen? Benötigen Sie eine Form von Begleitung oder Unterstützung? Rückmeldungen sollten verantwortungsbewusst formuliert und aufgenommen werden. Das bedeutet, dass nicht nur der, der die Rückmeldung gibt, die Verantwortung trägt, sondern auch Sie ein Teil von dieser Schleife sind. Sie müssen prüfen und entscheiden, ob die Rückmeldung Ihnen etwas bringt und was Sie benötigen, damit der Output noch wertvoller wird. Wenn Rückmeldungen durchdacht und wohlwollend sind, haben sie nämlich eine überaus große Kraft und einen Gewinn. Menschen wissen nach einer reflektierten und ernst gemeinten Feedbackrunde, wo ihre Potenziale liegen und wie sie diese noch besser leben können – zum eigenen Nutzen und dem eines Unternehmens.

Sie verleihen der Rückmeldung Wert und Nutzen

Was jemand über uns sagt, ist im Grunde nicht das Wesentliche. Spannender ist, wie wir das Gesagte bewerten. Erst durch die Bewertung kommt es zu einer Reaktion von uns – oder nicht. Sie können beispielsweise zu mir kopfschüttelnd sagen: »Na, du und deine verrückten Ideen!«, und ich zucke daraufhin nur lächelnd mit den Achseln. Ist doch mir egal, denke ich, was manche Menschen zu meiner Kreativität sagen, oder wie sie diese empfinden.

Wichtig ist, *wer* etwas zu mir sagt, erst dann kann ich die Rückmeldung für mich einordnen. So klingt hinsichtlich der Kreativität bei mir nicht viel an, wenn es von Menschen kommt, die in ganz anderen Kontexten leben. Für eine Bekannte, die Bilanzbuchhalterin ist, bin ich beispielsweise schon megakreativ, wenn ich ein paar Bildchen male. Wer sagt also was? Wenn hingegen Menschen aus dem Verlagswesen etwas dazu sagen, höre ich genau hin, wäge ab, baue ab und um. Eines Tages meinte so ein Verleger zu mir: »Na, Frau Weiner, toll, dass Sie so kreativ sind, aber dieses eruptive Schreiben, das sollten Sie mal überdenken.« Auweia, aua, iiieeeh! Das saß, das zwickte und ich nahm die Botschaft ernst. Seitdem überprüfe ich genauer, wann und wie ich schreibe. Er hat damit nämlich recht und ich nahm sein Feedback zum Anlass, über meine Art des Schreibens nachzudenken. Das bedeutet aber nicht, dass ich nicht zwischendrin weiter als kleiner Vulkan mein Buchstabenfeuer spucke.

Äußerungen zu Ihrer Person können interessant sein oder beleidigend. Es kommt darauf an, welches Wertesystem Sie zugrunde legen. Wenn zwei Männer sich treffen und zueinander in der Umarmung sagen: »Na, du alter Depp! Auch wieder hier?«, kann das durchaus freundlich gemeint sein. Und das, was sehr hochwertig klingt, ist in Wirklichkeit fies gemeint. Ich denke dabei zum Beispiel an die Rückmeldungen, die ich in Kunstkreisen höre. Einer fragt: »Wie findest du den Song?«, und bekommt zur Antwort: »Sehr interessant!«. Fehlt nur noch die arrogante hochgezogene Augenbraue, dann ist der Schlag perfekt. Natürlich gibt es handfeste Beleidigungen, aber die meisten Rückmeldungen können Sie erst einmal neutral annehmen. Damit meine ich auch die positiven. Eine Kollegin von mir war einmal ganz aus dem Häuschen, weil man sie in einer Zeitung als charismatisch beschrieben hatte. Die Frage ist aber doch: Wer hat es gesagt und was versteht dieser Mensch darunter? Einen Menschen mit Tiefe, einem Wertesystem, Demut und Einfühlungssystem, oder bedeutet charismatisch, dass ich gut auf mich aufmerksam machen kann, also über eine prima Selbst-PR-Strategie verfüge? Erst wenn geklärt ist, was unter einem Begriff zu verstehen ist, wenn ich das Bewertungssystem kenne, weiß ich, ob ich mich freuen will oder nicht. Bis dahin zaubert ein Lob bei mir erst einmal nur ein Lächeln aufs Gesicht, aber es *berührt* mich nicht, denn Senf bleibt Senf – egal ob positiv oder negativ formuliert. Wie Sie sich mit einer wunderbaren Übung statt Senf ein konstruktives Feedback einholen können, erfahren Sie in Kapitel 3 auf den Seiten 78–81.

Rückmeldungen müssen also nicht nur kritisch sein. Sie können einen auch überraschen und erfreuen. Indem Sie eine Rückmeldung in einen neuen Kontext stellen, können Sie ihr damit Ihre ganz persönliche Bewertung verleihen. Das geschieht im sogenannten Reframing. Man gibt einem alten Bild einen neuen Rahmen und erschafft damit ein neues Bild. Diese kleinen kreativen Arbeiten sind, wie ich finde, ein ganz besonderes Vergnügen.

Welcher Rahmen darf's denn sein?

Vor einiger Zeit war ich des Öfteren von der Situation genervt, dass an meinem Äußeren häufig etwas unstimmig war – ein besseres Wort fällt mir hierfür nicht ein. Gemeint ist, dass Menschen, mit denen ich mich unterhielt, im Gespräch Fussel, Krümel, Falten bei mir bemerkten. Das ist auch heute noch so. Regelmäßig hängt aus meinem Pulli das Schildchen am Rücken raus, ein Faden schlüpft aus der Weste, etwas ist verdreht, unordentlich, muss gerichtet werden. »Ich mach mal eben …«, das ist der Beginn des Satzes und schon fingern fremde Hände an mir herum. Darüber war ich eine ziemlich lange Zeit genervt. Warum konnte ich nicht so ordentlich wie andere Menschen sein und »Warum habe immer ich Krümel auf der Bluse?«, schimpfte ich mich selbst. Andere Menschen liefen ja auch nicht wie Krümelmonster durch die Welt. Mein Ärger dauerte so lange, bis ich dem Geschehen einen anderen Rahmen und damit eine neue Bedeutung gab. Fortan begann ich in dem »Ich mach mal eben …« den Wunsch anderer Menschen zu entdecken, mich zu berühren, mir nahe sein zu wollen. Warum auch immer, sagte ich mir, sie fassen mich gerne an. Dafür braucht es aber einen Grund. Mein Gegenüber muss also das »Haar auf meinem Pullover finden«, sonst ist die Berührung für ihn nicht möglich. Mit einem Mal wendete sich das Blatt, und das, was ich vorher beschämt als Zurechtweisung empfunden hatte, entpuppte sich als zärtliche Geste. Seitdem gönne ich den Menschen um mich herum meine Krümel und erfreue mich, wenn sie sagen: »Ich muss mal eben grad!« Aber gerne, natürlich, bitte greifen Sie zu!

Dieses Beispiel aber nur mal als Spaß am Rande oder als kleine Anregung für Sie. Das Umdichten klappt übrigens auch bei unbeeinflussbaren Prozessen. Etwa, wenn es einen auf die Palme bringt, dass manche Menschen häufig niesen. Das ist ein weitverbreitetes Phänomen.

Kleiner Tipp, sollten auch Sie dazu gehören: Deuten Sie die Nieserei um – etwa in: »Mit jedem Niesen wünscht mir jemand Glück!« Ich denke dabei noch die Worte »Fortuna! Fortuna!«, und schon geht es mir gut. Das Glück ist Ihnen da hold, wo Sie es sehen. Im Herbst, Winter und zur Pollenzeit ist für dieses Glück übrigens eine besonders gute Zeit.

Oder: Ein Kollege geht regelmäßig grußlos auf dem Flur an Ihnen vorbei und Sie finden das unmöglich? Denken Sie: »Oooh, er mag mich so, dass er sich nicht traut, mich anzusprechen.«

Oder: Ihre Mutter nörgelt wiederholt an Ihnen herum. Dichten Sie es um in ein »Aahh, das ist die Opernszene aus der Königin der Nacht.«

Oder: Ihr Partner ist verstockt und es bahnt sich ein Streit an? Setzen Sie sich beide eine rote Clownsnase dabei auf und mal sehen, was diese mit dem Streit und dem Verstockten macht.

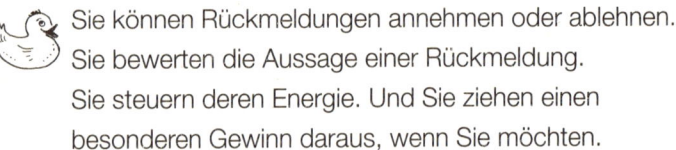 Sie können Rückmeldungen annehmen oder ablehnen. Sie bewerten die Aussage einer Rückmeldung. Sie steuern deren Energie. Und Sie ziehen einen besonderen Gewinn daraus, wenn Sie möchten.

Sie sind die Herrin, der Herr über eine Rahmengroßhandlung. Was immer Ihnen gesagt wird und Sie über sich selber denken, Sie können es barock einrahmen, streng in Metall oder Sie wählen den Rahmen mit der Blümchenwiese. Es gibt übrigens auch Klapprahmen beziehungsweise einen Haken. Wenn Ihnen das Bild gar nicht gefällt, dann drehen Sie es um!

Im Übrigen könnten Sie sich auch selbst einmal eine wohlwollende Rückmeldung geben. Es ist erstaunlich, wie wenig Positives wir zu uns selber sagen. Da man dies nicht genug üben kann, finden Sie für Ihre eigene Lobeshymne hier ein wenig Platz (mit dem Gedanken im Kopf, dies großflächig auf Tafeln, Tapeten und Schildern fortzuführen).

_____

_____

_____

_____

Allein darüber nachzudenken, wie man sich selbst optimal aufbauen und bestärken könnte, oder mit welchen Worten das die beste Freundin, der beste Freund wohl täten, ist ein bisschen wie Kreise um sich selbst ziehen und sich dabei immer ein wenig näher kommen, bis man schließlich ganz nah am Kern ist. Aber Vorsicht: Wickeln Sie sich dabei selbst nicht ein!

Umgang mit miesem Senf

Ich habe es ja schon angesprochen: Jeder Kommentar, den ein anderer über uns abgibt, sagt weitaus mehr über den Sprecher aus als über uns. Deshalb: Glauben Sie erst einmal gar nichts von dem, was jemand ungebeten über Sie sagt. Stellen Sie es rundweg infrage. Und das meine ich wortwörtlich: Menschen, die zu allem und jedem ihren Senf abgeben, rechnen nämlich nicht damit, dass man diesen prüft. Erinnern Sie sich an Zoé: Ihr Chef ließ ein paar Sätze vom Stapel und gab Zoé damit was zu Kauen. Er beschäftigte sie damit. Zoé war leider viel zu perplex und eingeschüchtert, sodass sie gar nicht dazu kam nachzufragen. Fragen, Notizen oder gar schriftliche Rückmeldungen stören diesen Effekt. Meine Empfehlung: Fragen Sie nach, wie Ihr Gegenüber das meint. Bitten Sie um Beispiele, in welcher konkreten Situation Sie zu leise, zu laut, zu zurückhaltend, zu exaltiert – oder was auch immer Ihr Gesprächspartner behauptet – gewesen sein sollen.

Wenn Ihr Gegenüber zurückrudert und meint: »Ach, so war das ja nun auch nicht gemeint«, dann wissen Sie, dass Ihr Gesprächspartner mehr von sich als von Ihnen gesprochen hat und die Vorwürfe werden entkräftet. Kann er tatsächlich Beispiele vorlegen, können Sie anhand derer prüfen, ob Sie ihm zustimmen – oder auch nicht.

 Hinterfragen Sie ungebetene Rückmeldungen und diese werden sich reduzieren.

Vorsicht Fiesback

Nicht jeder, der bekundet, er wolle Ihnen ein Feedback geben, tut dies auch. In der Mehrzahl der Fälle handelt es sich sogar um ein »Fiesback«. Fiesbacks sind eine Art von Retourkutsche oder Machtgehabe. Sie sind fies, weil sie im Mäntelchen des Feedbacks daherkommen, aber keine sind. Auf die Eingangsfrage »Darf ich dir mal ein Feedback geben?«, gibt es zumeist keine Gelegenheit zu einer Antwort, sondern es folgt sofort der Hammer: »Deine neue Haarfarbe steht dir nicht.« Bleibt einem dann die Luft weg, sagt das Gegenüber oft entrüstet: »Eeeeentschuldigung!« (mit den Händen wird jetzt gern abgewehrt). »Ich wollte dich nicht beleidigen, sondern nur ein Feedback geben!« Und wenn Sie dann schlucken: »Gott, dir kann man aber auch wirklich gar nichts sagen. Also ehrlich. In Zukunft bin ich eben ruhig.« Super Idee! Bitte zukünftig dran halten!

Fiesbacks sind verletzend gemeint, und genau das weiß der Mensch auch, der Ihnen ein Fiesback geben will. Was sie so fies macht, ist die Tatsache, dass hier ein Begriff, nämlich der des Feedbacks, falsch benutzt wird. Merken Sie sich, dass echte Feedbacks immer wohlwollend, respektvoll und lösungsorientiert sind. Es geht um wirkliche Unterstützung und nicht um verbale Magenerleichterung.

 Ein echtes Feedback wird erbeten.
Ein Fiesback kommt von allein.

Im privaten Bereich trifft man unangenehme und unangemessene Rückmeldungen oft in der Familie. Mütter meckern an Töchtern herum, Söhne fühlen sich bevormundet, Frauen übergangen, Männer gegängelt. Familiäre Beziehungen können durch leichtfertige, flapsige oder zynische Rückmeldungen stark belastet werden. Fiesbacks aus der Familie hängen den meisten Menschen lange nach, denn ist es nicht gerade die Familie, in der wir Fürsorge, Vertrauen und Verständnis suchen? *Böse* Rückmeldungen bewirken genau das Gegenteil.

Falls es Sie trifft: Wie kommt man durch ein Fiesback heil durch? Nutzen Sie es, indem Sie nachdenken, ob das Fiese irgendwie kompostierbar und damit verwertbar ist. Dafür ist es wichtig, dass Sie nicht sofort »zurückballern«, sondern eher durch schlaue Fragen versuchen herauszufinden, um was es genau geht, und dass Ihnen, wenn Sie es geschafft haben, die Kritik in irgendeiner Art nützt oder Sie anregt.

Stellen Sie Fragen wie:

* Ich würde gerne mehr darüber erfahren,
  wann hast du Zeit?
* Wann ist dir das aufgefallen?
* Wie kommst du darauf, dass ich ein Feedback wollte?
* Wie würdest du nun an meiner Stelle reagieren?
* Kannst du mir Beispiele nennen?
* Was berührt dich an meinem Verhalten so heftig?

Sich selbst zu akzeptieren und sein Selbstbewusstsein zu trainieren, heißt, nicht mehr in alle Schuhe zu steigen, die man vor die Füße gestellt bekommt. Sie entscheiden, welchen Schuh Sie sich anziehen wollen, sprich: Wessen Rückmeldung Sie als wertvoll annehmen wollen. Fragen Sie sich also auch:

* Wer sagt das zu mir?
* Hat dieser Mensch eine Ahnung von mir und
  meiner Arbeit?
* Hat er Kenntnis und Wissen über die Sachlage?

Je selbstbewusster Sie sind und je besser Sie sich kennen, desto leichter fällt es Ihnen, eine hingeworfene Kritik oder ein überschäumendes Lob freundlich zu registrieren und dann damit zu machen, was Ihnen sinnvoll erscheint.

Drücken Sie den Schwamm aus!
– unpräzise Rückmeldungen

Oft sind Rückmeldungen aber gar nicht so bestimmend oder fordernd, sondern unklar, schwammig und damit alles andere als eindeutig. Jemand beschreibt nicht, welches Verhalten er sich wünscht, sondern beklagt eher eine Lücke, etwas, das angeblich fehlt oder nicht stimmt.

* »Ich weiß auch nicht, du bist eben anstrengend!«
* »Ich finde halt, dass du nicht wirklich motiviert bist.«
* »Ich kann mit deiner Art nicht umgehen.«

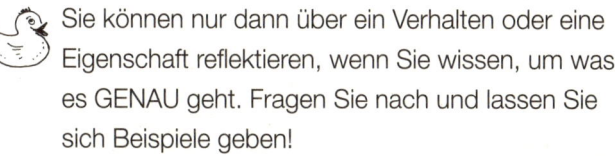 Sie können nur dann über ein Verhalten oder eine Eigenschaft reflektieren, wenn Sie wissen, um was es GENAU geht. Fragen Sie nach und lassen Sie sich Beispiele geben!

Fiese oder ungenaue Rückmeldungen beziehen sich nicht immer nur auf vermeintliche Schwächen. Erfolg kann genauso kritisiert werden wie Misserfolg. Erinnern Sie sich an die Schule. Die Einserschülerin war genauso wenig akzeptiert wie der »Klassendoofie«. Verbale Ohrfeigen hagelte es für beide. Aber wenn wir uns hineinfühlen, dann wissen wir, dass auch Kommentare wie »Also gut, Carmen, Frau Schlauschlau, tu ein wenig klugscheißen. Leg schon los!« blaue Flecken auf der Seele hinterlassen. Unbedachte Rückmeldungen oder gezielt platzierte Fiesbacks schwächen – auch den Mut zum Erfolg.

Hier ist schon mal eine Tonne für die Rückmeldungen, die für Sie ohne Wert sind.

Her mit dem Mist!

Was bringt Sie weiter?

Wenn schon Rückmeldung, dann erbeten, wohlwollend und genau. Der wichtigste Geber von Rückmeldungen sind aber Sie selbst. Wie sprechen Sie mit sich? Welche Qualität haben Ihre Rückmeldungen? Gehen Sie wohlwollend, unterstützend und aufbauend mit sich um? Und wenn ja, oder wenn es ab jetzt so sein soll, wie könnte Ihr Veränderungswunsch dann klingen? Ohne unsinniges Vergleichen, ohne den Wunsch nach einer Liebe, die wir vielleicht gar nicht wollen – sondern nur auf uns bezogen, ruhig, ehrlich, machbar und zukunftsorientiert.

Möchten Sie ein Beispiel? Wenn ich meine wohlwollenden Phasen wie gerade eben habe, dann sage ich mir: »Schätzchen, weißte, du machst doch vieles schon ganz gut. Denk mal an diese süße Weihnachtsgeschichte, die du geschrieben hast oder an den letzten Vortrag. Dass du so wild in deinem jetzigen Manuskript rumfuhrwerkst, das ist doch nur, weil du so unter Druck stehst. Was könntest du denn gegen den Druck tun – vielleicht kommt dann deine Gelassenheit wieder zurück. Komm wir sammeln mal Ideen.«

Wie Sie sehen, spreche ich mich direkt an. Es ist der weise, wohlwollende Teil in mir, der auf das hysterische Huhn blickt, das hektisch durch die Seiten eines Manuskriptes hastet. Früher hätte ich mich beschimpft. Ich brauche Ihnen dafür kein Beispiel zu geben, denn ich vermute mal, Sie kennen das von sich selbst ganz gut. Wir schimpfen alle viel zu viel mit uns, obwohl wir uns in diesen Momenten oft sowieso schon ganz klein fühlen. Kein Erwachsener würde so hart mit einem Kind schimpfen, wie wir das mit uns tun. Und wenn doch, dann würden wir eingreifen oder ihn beim Jugendamt anzeigen.

Machen Sie sich nicht durch unüberlegtes, vorschnelles Urteilen selber klein. Und lassen Sie sich von fiesen Rückmeldungen nicht erschrecken, nötigen oder drangsalieren. Damit geben Sie einem anderen Menschen Macht. Sofern Sie es klären können – klären Sie es. Geht das nicht, holen Sie sich Unterstützung. Sind Sie frei genug: Verwandeln Sie die miese Bemerkung in eine schöne Übung, sich spielerisch mit sich selbst auseinanderzusetzen. Sie werden daran erstarken!

Der wichtigste Punkt in diesem Kapitel ist, dass Sie lernen, Rückmeldungen qualitativ zu unterscheiden. Welche sind wichtig, welche nicht? Sie haben die Wahl, Sie verleihen den Wert und Sie entscheiden, welchen Veränderungsimpuls eine Rückmeldung bewirkt.

Wenn Veränderung, wenn anders werden, dann weil Sie das möchten und nicht um des lieben Friedens willen, der ohnehin nicht eintritt. Menschen, die etwas an Ihnen bemängeln WOLLEN, werden immer etwas finden.

Die Guten ins Töpfchen, die Schlechten ins Kröpfchen.

Und wenn wir uns doch einmal für andere ändern müssen?

Das kann passieren. Es gibt Situationen, da ist es sinnvoll, dass wir uns ändern, obwohl jemand anderes dies von uns verlangt, uns darum bittet oder uns dazu einlädt.

Wenn unser Arzt uns beispielsweise nahelegt, unseren Lebensstil zu ändern, weil wir unsere Gesundheit nachhaltig schädigen.

Wenn wir eine Familie gründen wollen, dann zieht das nach sich, dass wir nicht mehr alleine im Mittelpunkt unseres Lebens stehen, sondern sich unsere Aufmerksamkeit auf mehrere Leben verteilt.

Oder wenn wir unseren Job unbedingt behalten wollen, müssen wir vielleicht lernen, unsere Interessen stärker durchzusetzen und uns besser zu präsentieren, obwohl wir von Natur eher scheu sind.

Wir haben natürlich auch in diesen Fällen die Wahl, ob wir der Empfehlung folgen wollen oder nicht: Nur, wenn wir gesund bleiben oder werden wollen, sollten wir unsere Gewohnheiten ändern. Nur, wenn wir unseren Job wirklich behalten wollen, dürfen wir unser Licht nicht unter den Scheffel stellen.

Es kann in solchen Situationen sinnvoll sein, in den sauren Apfel zu beißen und eine Veränderung anzustreben, die wir uns nicht selbst ausgesucht haben. Stehen Sie vor einer solchen Entscheidung, dann schauen Sie auf die Vorteile, die Sie durch die Veränderung Ihres Verhaltens gewinnen: In dem Moment, in dem Sie einsehen, dass Sie besser leben und langfristig glücklicher sind, wenn Sie mit dem Rauchen aufhören oder ein bestimmtes Verhalten verändern, erkennen Sie schon, dass Sie dies eigentlich für sich selbst tun. Die Veränderung kommt Ihnen zugute, sie ermöglicht Ihnen ein besseres Leben. Letztlich sind Sie die- oder derjenige, der beziehungsweise die davon profitiert. Locken Sie also Ihre innere Stimme, falls Sie sich dagegen wendet. Wenn Sie Ihrem inneren Unwillen ein paar gute Argumente aufzeigen, wer weiß, vielleicht sitzt die Motivation schon bald mit im Boot.

Indem Sie sich selbst motivieren, das Positive aufzeigen und den Sinn im scheinbaren Unsinn finden, können Sie Ihrem Ziel näher kommen.

 Der wichtigste Faktor für Veränderung ist Selbstakzeptanz und Liebe. Oft genug verwandeln Menschen viel zu schnell eine Veränderung in eine anstrengende Hausaufgabe. Das hemmt die Lust und Freude am Lernen und an der Veränderung. Deswegen: Verlieben Sie sich in sich und das dauerhaft und immer wieder.

TEIL 2

DIE REFLEXION

Kapitel 3

Bevor Sie sich verändern, sollten Sie wissen, wer Sie sind

Nun kommen wir zu dem Teil des Buches, den man als Selbstanalyse und Selbstcoaching beschreiben könnte. Wenn Sie etwas an sich ändern möchten, es womöglich immer wieder neu versuchen, sollten Sie einen Blick darauf werfen, wer Sie gerade sind.

Wenn ich meine Klienten frage, *wer* sie gerade sind, dann stutzen viele zunächst einmal. »Warum soll ich mich denn damit beschäftigen? Ich möchte mich verändern! Ich möchte ja gerade nicht mehr so sein wie jetzt!« Über all die Änderungswünsche vergessen die meisten Menschen ihre Fähigkeiten und Talente und übersehen, dass sie einzigartig sind und in vielerlei Hinsicht gut, wenn nicht sogar brillant. Und sie übersehen auch, dass wir uns ja permanent verändern und ganz sicher nicht die oder der Alte sind, die andere Menschen immer meinen in uns zu entdecken. Man denke nur an Klassentreffen!

Wir neigen dazu, unsere Schwachpunkte genau zu sezieren, zu analysieren, sie anzuprangern und zu verdammen – unsere Stärken fallen dabei unter den Tisch. Sie sind uns viel zu selbstverständlich, als dass sie uns noch auffielen. Dabei haben wir alle unsere besonderen Stärken!

Ich habe mir deshalb angewöhnt, von Zeit zu Zeit Menschen zu fragen, wie sie mich wahrnehmen und was sie an mir entdecken. Es ist ein Sammeln von Eindrücken, denn ich möchte auf diese Weise meine blinden Flecken finden, damit meine ich die Seiten an mir, die ich ohne fremde Hilfe nicht erkenne.

Als blinden Fleck bezeichnet man in der Sozialpsychologie die Teile des Selbst, die von einer Persönlichkeit nicht wahrgenommen werden. Eine ähnliche Situation kennen Sie auch vom Autofahren. Im Rückspiegel kann man nicht alles sehen, es gibt einen toten Winkel. Bei Überholmanövern ist der sehr gefährlich.

Was wir an uns selbst nicht kennen, kann auf der Fahrt durch das Leben ebenfalls gefährlich werden.

Gute Freunde sind dann wie ein gut eingestellter Rückspiegel inklusive Schulterblick. Sich ein Feedback bei seinen Freunden oder Menschen, die man achtet, einzuholen, ist eine spannende Möglichkeit, mehr über sich zu erfahren. Möglicherweise entdecken Sie Facetten an sich, die Ihnen bislang entgangen sind. Ich habe dies vor gar nicht allzu langer Zeit ausprobiert. Mein Vorgehen war dabei Folgendes: Ich wollte wissen, was meine Freunde oder Bekannten von mir denken und ich ging davon aus, dass ich mit den Antworten wertvolle Informationen über mich erhalten würde. Andere Menschen erleben mich aus der Distanz, das ergibt das sogenannte Fremdbild. Ich wollte gerne erfahren, wie diese Menschen mich wahrnehmen, um eine private Selbstbild-Fremdbild-Analyse durchzuführen. Mein Vorgehen dabei war folgendermaßen: Ich überlegte, von wem ich eine Rückmeldung schätzen würde, formulierte meine Fragen und rief diese Menschen an und erklärte ihnen meine Bitte und den Sinn, der für mich dahintersteckte. Ich stellte ihnen frei, mir diese Rückmeldung zu geben, vereinbarte die Rückmeldeschleife (Termin) und überlegte mir, wie ich mich bei ihnen bedanken könnte. Denn es ist ein sehr freundschaftlicher und hilfsbereiter Akt, wenn andere Menschen für uns über uns nachdenken.

Wichtig war mir darüber hinaus Folgendes: Ich sagte allen zu, die Rückmeldungen, egal ob positiv oder negativ, anzunehmen und sicherte zu, mich weder zu rechtfertigen, noch mich zu erklären, unliebsam nachzubohren oder sauer zu werden. Allerdings erbat ich mir die Möglichkeit, nach erklärenden Beispielen fragen zu dürfen, sollte ich eine Rückmeldung nicht verstehen. Zudem hatte ich ein paar Verhaltensweisen von mir im Kopf, die ich als verändert wahrnahm. Zeigte sich das bereits nach außen? Hatte sich meine Mühe bis hierher gelohnt, oder täuschte ich mich und war noch immer die Alte, zumindest in diesem Punkt? Denn, machen wir uns nichts vor, unser altes Ich ist zuweilen so bequem wie ein Paar alte Hausschuhe, in das wir nur zu gern schlüpfen.

Diese Übung erfordert etwas Nachdenken und Mut, denn erst einmal muss man herausfinden, von welchem Menschen man sich eine Rückmeldung wünscht und annehmen kann. In der Regel handelt es sich um Menschen, die wir schon länger kennen und schätzen, aber auch der ganz frische Blick von einem Menschen, den wir erst kurz oder nur flüchtig kennen, kann Interessantes und Aufschlussreiches offenbaren. Ich selbst hatte eher den Wunsch, in die Tiefe zu gehen, und das ist nur mit Menschen möglich, die einander schon länger Weggefährten sind.

Es können dabei Ihnen unbekannte Eigenschaften, unbewusste Talente, blinde Flecken, für andere unverständliche oder nicht nachvollziehbare Verhaltensweisen oder bestimmte Charakterzüge herauskommen. Ich konnte dank dieser Übung eine Macke an mir entdecken, von der ich noch gar nichts wusste, und die ich seitdem augenzwinkernd an mir liebe.

Stellen Sie sich vor: Mir ist keine Tasse Kaffee recht. »Du bestellst Wasser nach, weil dein Kaffee zu stark ist«, verriet mir Lutz. »Oder du möchtest einen zusätzlichen Espresso, weil er zu schwach ist. Die Tasse ist entweder zu klein oder zu klobig, oder die Form stimmt, aber leider die Farbe nicht. Und dann bestellst du zu deinem Kaffee ein Kännchen warme Milch extra, obwohl sich alle Welt auf Cappuccino und Latte macchiato eingerichtet hat und es kaum mehr Milchkännchen gibt. Was den Kaffee angeht, bist du eine sehr anspruchsvolle Frau. Du hast 'nen Tick, und den mag ich sehr!«

Iiiich? Mäkelig mit meinem Kaffee? Wie Meg Ryan in dem Film *Harry und Sally*, wenn sie die Salatsoße auf einem Extrateller haben möchte? Diese Macke hatte ich vorher noch nie bei mir bemerkt. Und nach einem ersten Stutzen fand ich sie wundervoll! Diese Macke wollte ich auf jeden Fall behalten! In so vielen anderen Dingen bin ich unkompliziert und pragmatisch, aber dieser Kaffeetick hat etwas Reizendes. Wenn ich heute in ein Café gehe, lebe ich meinen Tick mit Genuss aus.

 Rückmeldungen sind nicht nur kritisch. Sie können auch sehr amüsant und überraschend sein!

Aber ich ahne schon, Sie wollen wissen, ob mich auch etwas entsetzte oder traf. Nein. Es passierte nichts, das mich entsetzte. Die wichtigste Erkenntnis war für mich, dass ich mich, meine Fähigkeiten und Schwächen ziemlich gut einschätzen kann. Allerdings war es schön, dass meine Verhaltensweisen, die ich selbst als störend erlebe (launisch, mürrisch, maulfaul) längst nicht so stark wahrgenommen werden, wie befürchtet. Zu meiner großen Freude wurde ich eher als geduldig, zuverlässig und einfühlsam beschrieben. Da es von mir ausgewählte Menschen waren, konnte ich die Rückmeldung entsprechend ernst nehmen und annehmen.

Insgesamt habe ich diese Übung als sehr motivierend empfunden. Ich habe mich über die Rückmeldungen gefreut, denn sie zeigten auch, dass meine Freunde bereit sind, sich wirklich Gedanken über mich zu machen. Welch ein Geschenk! Wenn Sie sich mit Lust und Freude in eine Veränderung begeben wollen, dann ist es sehr wichtig für Sie zu wissen, worin Ihre Stärken liegen. Auf das, was Sie schon einmal gut konnten, können Sie aufbauen.

Jede Reise – ob nun zu einer neuen Fähigkeit oder gar zu einem neuen Selbst – braucht einen Startpunkt und ein Ziel. Wenn Sie Ihren Garten umgestalten wollen, müssen Sie zunächst wissen, wie Ihr Garten beschaffen ist. Sie brauchen einen Überblick darüber, wie die Bodenverhältnisse sind, um zu wissen, was Sie pflanzen können und an welchen Stellen Sie besonders düngen müssen. Sie sollten wissen, wo die Schattenecken sind, da kommen die lichtempfindlichen Pflanzen hin. Und wenn Sie die Sonnenseiten Ihres Gartens kennen, können Sie dort die schillerndsten Blumen säen. Sie sollten auch wissen, wie groß Ihr Garten ist – so ist Ihnen bewusst, wie viele verschiedene Dinge Sie pflanzen können.

Ähnlich ist es mit Ihrer Persönlichkeit: Der erste Schritt zur Veränderung führt über die Selbsterkenntnis.

* Welche Vorteile hat Ihnen Ihr bisheriges Verhalten eingebracht?
* Erinnern Sie sich an ein Beispiel, wo das gewünschte Verhalten sich schon einmal gezeigt hat?
* Können Sie etwas aus diesem alten Beispiel auf den neuen Wunsch übertragen?

Das Rad muss nicht immer wieder neu erfunden werden. Auch nicht, wenn es um persönliche Wünsche und Veränderungen geht. Sich selbst auf die Finger zu schauen, wie und warum man etwas macht, hilft darüber hinaus zu erkennen, dass sich hinter jedem Verhalten ein guter Grund versteckt. Wenn Sie etwa »faul sind« und etwas partout nicht lernen wollen, obwohl Sie sich dazu verdonnert haben, dann kann es sein, dass die Inhalte nicht passen oder Ihre innere Struktur noch nicht versteht »Warum Sie den Käse lernen sollen«. Wenn etwas Käse ist, warum sollten Sie sich damit abmühen? Es ist dann clever, die Unterlagen zur Seite zu schieben. Sie handeln also effektiv und ganz und gar nicht faul. Selbsterkenntnis und Selbststeuerung helfen

Ihnen jedoch, im Käse einen Sinn zu finden, damit Sie sich vielleicht dann doch an diese Aufgabe machen. Erst dieser Sinn oder eine Begeisterung für die Sache bringen uns dazu, Dinge anzupacken, die wir eigentlich zuerst nicht mochten.

Vielleicht halten Sie sich aber auch *nur* für unordentlich und haben sich nun lebenslang zu mehr Struktur und Klarheit verdonnert. Im Selbstcoaching könnten Sie feststellen, dass Ihre Meinung von Ihnen vielleicht gar nicht stimmt. Zumindest nicht in der Ausschließlichkeit. Ja, auf Ihrem Schreibtisch herrscht möglicherweise Chaos. Aber wenn Sie die Finanzen Ihres Vereins verwalten, sind Sie durch und durch korrekt, alles ist dort abgeheftet, wo es hingehört, alles ist perfekt organisiert. Der Blick aus der Metaebene, also wie von oben herab, zeigt, dass Sie nicht immer unordentlich sind. Es wäre schön, wenn der Schreibtisch von der Vereinsarbeit profitieren könnte. Aber vielleicht brauchen Sie auch das Chaos am Arbeitsplatz, um zur Höchstleistung zu kommen. Wer weiß? In gezielten Gesprächen mit sich selbst, könnten Sie auch darauf eine Antwort finden.

Indem Sie sich damit beschäftigen, wer Sie sind, erfahren Sie Hilfreiches und können besser identifizieren, in welchen Bereichen und ob Sie sich überhaupt verändern wollen. Sich selbst zu kennen hilft Ihnen, die richtigen Veränderungswünsche anzupacken und tatsächlich ans Ziel zu gelangen. Was für ein spannender Prozess!

Wie lernen Sie sich kennen?

»Erkenne dich selbst! – Aber wie?«, so die Kapitelüberschrift in einem Ratgeber der 50er-Jahre. Das psychologische Handbuch für den Haushalt war mir bei einem meiner vielen Flohmarktbesuche in die Hand gefallen. Dass es Menschen leichter fällt, andere Menschen zu analysieren und zu erkennen, war auch damals schon bekannt. »Aber versuchen Sie nun, eine Charakteristik von sich selbst zu schreiben! Dann erst werden Sie merken, wie schwer das ist! Vielleicht fallen Ihnen zahlreiche Einzelzüge ein; aber es ist kaum anzunehmen, dass diese sich zu einem Ganzen fügen.« Weiter wusste der Autor, dass die Bekannten, und »darauf kann man wetten – höchst skeptisch den Kopf schütteln und leise oder laut lachen«. So hatte es auch der Autor des Buches vor vielen Jahrzehnten bereits erkannt. »Gerade weil man sich der Nächste ist, ist man sich so nahe, dass man sich als Ganzheit nicht überschauen kann.«

Zum Glück hat sich die Psychologie in den letzten Jahrzehnten sehr verändert. Wir wissen sehr wohl, dass Menschen auch zu sich selbst einen Abstand finden und wie von einer Metaebene aus sich und das eigene Handeln betrachten können.

Möchten Sie diese Sicht einmal probieren? Dann nehmen Sie eine x-beliebige Situation der letzten Tage. Was haben Sie gemacht, mit wem geredet und was erlebt? Und nun stellen Sie sich vor, dass Sie die gleiche Situation aus einer anderen Perspektive betrachten, zum Beispiel aus der Perspektive einer anderen Person, die dieselbe Situation miterlebt hat. Oder Sie überlegen, wie Sie von der Situation in fünf Jahren berichten würden. Verändert sich Ihr Gefühl und haben Sie möglicherweise jetzt einen etwas größeren Überblick? Einen Überblick, der Ihnen ermöglicht, über den Tellerrand der Situation zu blicken? Haben Sie etwas entdeckt, was Sie eben noch nicht sahen? Dieser Blick fühlt sich gut an, finden Sie nicht auch? Ein wenig neugierig, ziemlich neutral und mit viel Raum für Neues.

Genau diese innere Haltung ist es, die für Sie nun vorteilhaft ist, wenn Sie sich im Selbstcoaching erproben wollen. Zeigen Sie sich neugierig und seien Sie gespannt auf sich, geradeso, als würden Sie einen anderen Menschen kennenlernen. Vielleicht bei einem Tanzkurs und Sie treffen sich immer wieder. Wer ist dieser Mann, denken Sie vielleicht. Es interessiert mich, warum er alleine tanzen geht. Oder wenn Sie ein Mann sind, dann überlegen Sie vielleicht: Wer ist wohl diese Frau, sie hat etwas, das mich neugierig macht, mehr von ihr zu erfahren. Wie man anderen Menschen mit freundlicher Neugier begegnet, so kann man auch sich selbst gegenüber aufgeschlossen sein. Die Freundlichkeit dem eigenen Ich und Leben gegenüber wird Erinnerungen wecken und Zusammenhänge erkennbar machen. Bestimmt werden Sie manchmal erstaunt sein und sicher von der Erfahrung profitieren, deswegen machen Sie sich Notizen. Es wäre zu schade, diese wertvollen Impulse wieder zu vergessen. Notizen sind wie Verabredungen mit sich selbst.

Werden Sie Ihr eigener Coach!

Sie brauchen nicht unbedingt eine andere Person, die Sie darin unterstützt, neue Perspektiven für Ihr Leben zu finden und die Dinge aus einer anderen Sicht heraus oder von einer anderen

Ebene aus zu betrachten. Sie können sich auch selbst ein reflektierender Spiegel sein, ohne, dass Sie direkt vor einem Spiegel sitzen.

Ein Coaching hat immer zum Ziel, zu einem neuen Verhalten beziehungsweise zu neuen Haltungen in bestimmten schwierigen Situationen zu finden. Wenn das Coaching gut läuft, tauchen Lösungen, die bisher nicht in Sicht waren, am Horizont auf, echte Veränderung wird dadurch realistisch.

Das englische Wort »Coach« bedeutet auf Deutsch »Kutsche«. Das trifft es gut: Ein Fahrzeug, das uns weiter bzw. zu anderen Orten bringt. Im Sport gibt es den Begriff schon lange: Der »Coach«, also der Trainer, holt aus dem Talent und der Motivation des Sportlers das Optimum heraus.

Und so ist es eben auch im Coaching außerhalb des Sports: Der Coach unterstützt seinen Klienten in der Verwirklichung seiner Bedürfnisse oder Wünsche, macht Ziele und Lösungen gemeinsam mit dem Klienten sicht- und erfahrbar.

Dabei sind immer die Fragen an den Klienten ein ganz wichtiges Mittel. Sie regen die Selbstreflexion an und führen damit zu neuen Sichtweisen. Wenn Sie nun Ihr eigener Coach sind, geht es darum, sich selbst zu befragen, und zwar in einer grundsätzlich wertschätzenden und liebevollen Art. Eine erste Frage könnte sein: Was war der Auslöser für mich, dieses Buch in die Hand zu nehmen?

* War es Neugier?
* Haben Sie das Buch empfohlen bekommen?
* War es ein »Wink mit dem Zaunpfahl«?
* Ein Rettungsanker?
* Haben Sie es *einfach mal so* gekauft?
* … oder gesucht und gefunden?

Ich finde es immer sehr spannend, die ersten Impulse heraus-
zufinden. Darin verstecken sich Hoffnungen, Sehnsüchte und
Wünsche. Was uns drängt, bewegt und zieht, ist unbedingt eine
Beachtung wert.

Allerdings ist es gut, den roten Faden im Blick zu behalten,
statt von einem Punkt zum anderen zu springen. Themen-Hop-
ping nenne ich das. Vielleicht möchten Sie sich eine persönliche
Prioritätenliste anlegen? Auf ihr können Sie notieren, welche
Themen am dringlichsten sind, welche noch ein wenig Zeit haben und welche Sie zunächst hintanstellen wollen. Sie müssen
sich aber nicht sklavisch an diese Liste halten! Manche Themen,
Fragen etc. können sich auch von ganz alleine klären, indem Sie
sich mit einem verwandten Thema befassen. Oder ein neues
Thema tut sich auf, das spürbar dringlicher ist als das, womit Sie
eigentlich als Nächstes arbeiten wollten.

… Sie mögen keine Listen? Na, dann zeichnen Sie einen bunten Blumenstrauß, und geben Sie jeder Blume einen »Thema-
Namen«. Oder malen Sie sich eine Villa Kunterbunt und jeder
Raum steht dann für einen inneren Raum, den Sie
gerne betreten würden.

Ob Sie nun eine Liste
führen oder sich Ihre
Themen wie bunte
Blumen »pflücken« –
bleiben Sie jedem
Thema gegenüber
aufgeschlossen, das sich
in Ihnen meldet und geben
Sie sich die innere Freiheit,
flexibel darauf zu reagieren!

Ganz praktisch: Wann redet man mit sich?

Das bleibt Ihnen überlassen. Manche Menschen brauchen einen festen Rahmen – fast wie bei einer Meditation, andere wieder befassen sich am liebsten beim Joggen, beim Putzen oder bei längeren Autofahrten mit den inneren Themen. Vom Selbstcoaching beim Autofahren würde ich eher abraten. Zum einen brauchen Sie Ihre Konzentration für den Straßenverkehr, zum anderen können Sie beim Autofahren nichts aufschreiben, was ich für sehr nützlich halte. Vielleicht dann eher eine längere Bahnfahrt nutzen?

Letztlich ist es aber nicht wesentlich, wann und wo Sie sich mit sich beschäftigen. Wichtig erscheint mir nur eine gewisse Konzentration, denn Sie wollen ja sich selbst befragen und Ihren inneren Antworten lauschen. Das kann auch beim Spaziergang durch die Stadt sein. Ich laufe zum Beispiel stundenlang durch Wien und denke dabei über mein Leben nach.

Formulieren Sie eindeutig und positiv, was Sie erreichen wollen. Das wirkt besser als zu beschreiben, was Ihnen alles an sich missfällt. Und: Wenn Sie wissen, was genau Sie sich wünschen, dann können Sie es sich leichter erfüllen!

Fragen, die Sie sich als Ihr eigener Coach immer wieder stellen sollten:

* Was ist mein genaues Anliegen? Was wünsche ich mir?
* Welche Beispiele fallen mir dafür ein?
* Welchen Nutzen konnte ich aus meinem bisherigen Verhalten ziehen?
* Welchen Vorteil brächte es mir, es anders zu machen?

* Was kann ich selbst zur Neugestaltung beitragen?
* Was bremst mich?
* Wenn das, was mich bremst, eine gute Absicht hätte, welche wäre das?
* Woran werde ich merken, dass ich mein Ziel erreicht habe?
* Wie werden meine Familie und meine Kollegen mit meiner Veränderung umgehen?
* Falls diese mit Vorbehalten auf die Veränderung reagieren: Wie könnte ich sie mit ins Boot holen?

Sie merken vielleicht schon, dass selbst ein erster Fragenkatalog ein Vorhaben von allen Seiten betrachten kann. Gehen Sie nicht zu schnell voran, denn Veränderung braucht Zeit. Der Volksmund sagt: »Wer rastet, der rostet!« Im Coaching würde ich eher sagen »Wer hetzt, verpasst die besten Ausblicke!« Deswegen halte ich persönlich von Speed-Coaching und Highspeed-Coaching nichts. Impulse sind leicht möglich, aber mit Coaching haben diese Beratungen meines Erachtens nichts zu tun. Ist es nicht genau der zweite Blick, der das Gold im Schlamm entdeckt? Reservieren Sie sich also Zeit für sich und laden Sie sich zu interessanten Gesprächen ein.

Die Kunst, sich selbst die richtigen Fragen zu stellen …

Die richtigen Fragen können als Wegweiser zu einer Veränderung oder zu einer Entscheidung führen. Was Sie möchten und was lieber nicht, kann Ihnen durch Fragen und Ihre inneren Antworten darauf verblüffend schnell deutlich werden. Und was deutlich wird, das können Sie bearbeiten – eine Lösung rückt näher.

Wann ist eine Frage nun aber gut? Nun, grundsätzlich können wir festhalten, dass eine Frage gut ist, wenn sie eine klare Antwort begünstigt. Und das ist der Fall, wenn die Frage:

* eindeutig ist, zum Beispiel: »Was hat dich abgehalten, das Thema gestern im Gespräch einzubringen?«
* im direkten Kontakt mit den inneren Vorgängen steht, zum Beispiel: »Welche Ängste haben sich dabei gemeldet?«
* zum richtigen Zeitpunkt und damit zeitnah an der erlebten Situation gestellt wird.
* an wirklichen Antworten interessiert ist.
* in einer freundschaftlichen und wertschätzenden Haltung der eigenen Person gegenüber gestellt wird.

Es kann zum Beispiel sein, dass Sie eine dringliche Frage an sich selbst stellen, aber nach einer Weile feststellen, dass Sie im Moment keine Antwort darauf haben. Auch das ist eine wertvolle Information! Bleiben Sie dennoch am Thema dran und geben Sie sich immer wieder Zeit und Raum, um in Ruhe eine Antwort zu finden oder ihr zumindest näher zu kommen. Vielleicht ist es gerade einfach nicht der richtige Moment!

Tipp: Fragen Sie sich selbst auch immer wieder, ob Sie tatsächlich an Ihrer ureigenen Antwort interessiert sind! Denn allzu oft tragen wir vorgefertigte, von anderen Menschen geprägte Einstellungen mit uns herum, die eine Antwort verfärben können. Horchen Sie immer wieder in sich hinein: Ist diese Stimme, die mir da die Antwort gibt, wirklich MEINE Stimme? Oder spricht hier aus mir vielleicht eher meine Mutter/mein Vater/meine älteste Schwester o.a.?

Stellen Sie sich Fragen so, als ob der Fragende ein guter Freund oder eine andere Ihnen wohlgesonnene Person wäre, zum Beispiel so:

* Erzähl mir, warum du in diese Richtung gehst! Mich interessieren deine Gedanken, die deinen Weg zu dieser Lösung begleiten.
* Welche Erfahrungen hast du mit diesem Vorgehen schon früher einmal gemacht?
* Wozu, glaubst du, dient es? Welchen Gewinn bringt dir diese Entscheidung?
* Welches Ergebnis wünschst du dir?
* Was bräuchte es, damit du zum gewünschten Ergebnis kommst?
* Was würdest du dir selbst jetzt raten?
* Könntest du dir auch noch einen anderen Weg vorstellen?

Es gibt mehrere Arten von Fragen, die Sie sich selbst stellen können und die, je nach Charakter, immer auch eine bestimmte Art von Antwort provozieren. Erst einmal können Sie zwischen offenen und geschlossenen Fragen unterscheiden.

Geschlossene Fragen sind Fragen, auf die Sie im Grunde nur mit »Ja« oder »Nein« antworten können. Solche Fragen an sich selbst könnten dann lauten:

* Hast du dich schon einmal mit diesem Gefühl beschäftigt?
* Möchtest du diesem Gefühl auf den Grund gehen?

Geschlossene Fragen werden Ihnen wenig dienlich sein, wenn es darum geht, Ihr Inneres genauer zu erforschen. Sie bringen Sie kaum weiter. Wahrscheinlich werden Sie auch feststellen, dass Sie sich selbst ganz instinktiv eher offene als geschlossene Fragen stellen, wenn Sie mit sich selbst in gutem Kontakt stehen und auf Ihre inneren Vorgänge neugierig sind.

Offene Fragen sind immer ergebnisoffen und lassen zahlreiche mögliche Antworten zu. Sie lassen Raum für Ideen, das Weiterspinnen von Gedanken, für Visionen und Wünsche. Mit offenen Fragen ermuntern Sie sich selbst, etwas von sich zu erzählen.

Hier ein paar Beispiele für solche offenen Fragen:

* Wie geht es mir dabei?
* Wie wirkt sich diese Entscheidung auf mein Leben aus?
* Was möchte ich dadurch verändern?
* Welche Vorstellungen habe ich über die Zeit nach dieser Veränderung?

W-Fragen (Informationsfragen)

Fragen, die Sie oft in Interviews hören oder lesen, sind sogenannte W-Fragen. Für Journalisten sind die sehr klaren und oft knappen W-Fragen das A und O, um Informationen aus ihrem Gegenüber herauszuholen. Genauso können Ihnen solche Fragen sehr zweckdienlich sein, wenn es darum geht, erst einmal mehr über Ihre inneren Vorgänge und Beweggründe herauszufinden. Bei den W-Fragen steht jeweils eines der Fragewörter »Was«, »Wer«, »Wie«, »Wann« und »Wo« am Anfang. Zum Beispiel:

* Wie will ich mich fühlen, wenn mein Chef unfreundlich zu mir ist?

* Welche Gefühle löst die Begegnung mit meiner neuen Kollegin in mir aus?
* Wer kann mir in diesem Punkt weiterhelfen?
* Wann spüre ich den Moment in mir aufkeimen, dass ich gleich »platze«?
* Welche Bilder steigen in mir auf, wenn sich meine Partnerin mit einem anderen Mann gut unterhält?
* Was muss der Arbeitsplatz meiner Träume mitbringen?
* Wann möchte ich dieses Ziel erreicht haben?
* Wie sieht meine ideale Freizeitgestaltung aus?
* Welche Voraussetzungen brauche ich, um die gewünschte Veränderung zu erreichen?

Skalierungsfragen

Skalierungsfragen sind sehr hilfreich, wenn Sie in Ihrem Veränderungsprozess gerne strategisch vorgehen möchten. Eine Skalierungsfrage an sich selbst könnte lauten:

»Auf einer Skala von 0 bis 10, bei der 0 bedeutet, das Ziel ist überhaupt nicht erreicht, und 10 bedeutet, das Ziel ist vollständig erreicht – wo stehe ich im Moment?«

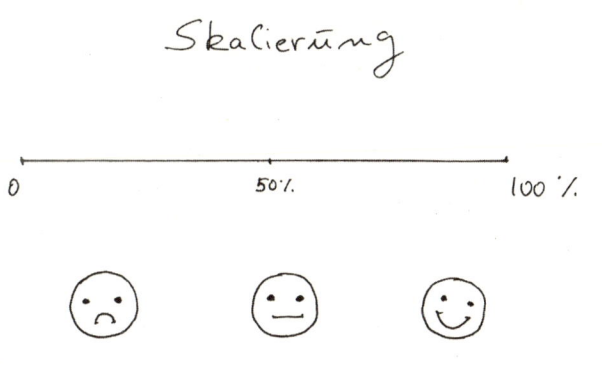

Wenn Ihre Antwort darauf beispielsweise »5« lautet, können Sie weiterfragen:

* Was brauche ich, um der 9 oder 10 näher zu kommen?
* Was war hilfreich, um die 5 zu erreichen?
* Was habe ich bis jetzt schon gewonnen und dazugelernt?

Die Skalierungsfragen unterstützen die Sicht auf Teilziele und Lösungsschritte und helfen dabei, Erfolge festzulegen.

Sondierungsfragen

Mit diesem Fragentyp können Sie besonders gut herausfinden, wie Sie zum gegenwärtigen Zeitpunkt zu dem Thema stehen, das Sie sich als nächstes vornehmen möchten. Sie werden durch diese Fragen zum Beispiel herausfinden, ob Sie mit diesem Thema schon Erfahrungen gemacht haben, welche Gefühle dieses Thema in Ihnen auslöst usw. Sondierungsfragen können beispielsweise so lauten:

* Wie wichtig ist es mir, in diesem Lebensbereich etwas zu verändern?
* Wie bin ich bisher mit Konflikten in diesem Bereich umgegangen?

 Innere Dialoge, also Gespräche mit sich selbst, sollten Sie immer respektvoll und wohlwollend führen. Sie sind Ihr eigener Coach, das heißt: Sie sind auf Ihrer Seite!

Wenn Sie sich mit dem Thema Fragen genauer befassen wollen, um Ihre persönliche Coachingstunde oder auch die Gespräche mit anderen Menschen effektiver zu gestalten, finden Sie im Anhang des Buches eine kleine Auswahl. Gehen Sie Ihren Gedanken nach und zwingen Sie sich nicht zu Antworten – wenn Ihnen nichts einfällt auf eine Frage, dann ist das völlig in Ordnung.

Vergessen Sie nicht, dass die Emotion, die Sie befragen, auch genährt wird – wie die folgende kurze Geschichte zeigt:

Die zwei Wölfe
Ein indianischer Großvater sprach mit seinem Enkel über seine Gefühle angesichts einer schwierigen Situation.

Er sagte: »Weißt du, es ist so, als ob zwei Wölfe in meinem Herzen miteinander kämpfen. Der eine Wolf ist rachsüchtig, wütend und gewalttätig. Der andere ist im Schmerz, voller Trauer und Mitgefühl.«

Der Enkel wurde aufgeregt und fragte: »Aber Großvater – welcher Wolf wird denn nun den Kampf in deinem Herzen gewinnen?«

Der Großvater lächelte und sagte: »Der Wolf, dem ich Futter gebe.«

Als Ihr guter Coach und Berater sind Sie an all dem interessiert, was Sie voranbringt. Das sind gute Reflexionen, Wertschätzung, Motivation und ein genaues Hinsehen. Im nächsten Kapitel werden Sie lesen, dass wir dazu nicht unbedingt erzogen wurden und die Gesellschaft eher »speedy« denkt. Was wir erkennen, das können wir verändern. Egal, ob es ein Verhalten ist oder unser persönliches Verhältnis zu uns selbst.

Kapitel 4

Was Sie prägt und steuert

Als ich fürs Fernsehen arbeitete, sagte meine Chefin immer, wenn ich ein Interview mit einem Promi plante: »Ich will wissen, wie er tickt! Lass ihn bloß nicht erzählen, was er macht, sondern ich will wissen, warum und was ihn dabei antreibt und erfüllt.« Damals wusste ich noch nichts davon, dass nicht nur die Kirche, sondern jeder Mensch so etwas wie eine innere Bibel in sich trägt. Es sind all die Beschreibungen, Gedanken und Sätze, die er im Laufe seines Lebens von sich selbst gesammelt hat. Werden diese Sätze sichtbar, erklärt sich oft von selbst, warum ein Mensch so und nicht anders handelt. Menschen sind davon geprägt, wie sie sich selbst einschätzen, wovon sie überzeugt sind, was sie von sich halten, kurzum: Was sie glauben, wer sie sind. Und weil Menschen bei sich verborgene Winkel vermuten, sind Psychotests, Selbsterkennungstools, Astrologie und Numerologie so beliebt. Ich habe verschiedene dieser Tests gemacht und bin oft schon an den Fragen gescheitert, da diese für mein Leben zu eindimensional waren:

»Sind Sie lieber alleine als mit anderen Menschen zusammen?«

Ja, manchmal schotte ich mich sogar regelrecht ab. Und ebenso häufig suche ich die Gemeinschaft mit anderen.

»Sind Sie ein Mensch, der sich nur in Gemeinschaft wohl-fühlt?«

Nein, aber manchmal macht sie mehr Sinn als das Alleinsein, etwa, wenn ich auf einer Party bin.

»Können Sie gut in Stille arbeiten?«

Ja, aber auch in Wien, im Kaffeehaus. Es kommt darauf an, woran ich arbeite, wie es mir an diesem Tag geht und welche Laune ich gerade habe.

Ich glaube, ich bin wankelmütig!

Da haben wir ihn schon, den Glaubenssatz, das innere Konzept, dem sich eine Strategie anpassen wird. Was wir über uns selbst denken und welche Bilder wir von uns entwickeln, ist von Annahmen, Glaubenssätzen – in der Coachingliteratur spricht man von *Beliefs* – geprägt. Ein Belief, also ein Glaubenssatz, ist eine tiefe, innere Überzeugung, ein Gefühl von absoluter Bestimmtheit und Gewissheit, über die Bedeutung von Abläufen, Situationen, Reaktionen und uns selbst. Glaubenssätze, so beschreibt es die Psychologin und Psychotherapeutin Dr. Gundl Kutschera, sind die Regeln, die bestimmen, wie wir unsere Werte leben. Glaubenssätze sind damit Prinzipien, die uns leiten, Leidenschaften und Überzeugungen. Hier ein paar Beispiele:

* Alleinerziehende Frauen sind ständig gestresst.
* Männer können sich nur auf eine Sache konzentrieren.
* Frauen sind gut in Multitasking.
* Einzelkinder sind verwöhnt.
* Man muss sich anstrengen, wenn man etwas erreichen will.

Glaubenssätze werden durch Erfahrungen in der Vergangenheit, durch »zufällige« Umstände oder immer wiederkehrende

Erfahrungen geprägt, oder indem wir sie von Menschen unreflektiert übernehmen. Eltern geben viele Glaubenssätze an ihre Kinder weiter, ein typisches Beispiel: »Wenn du in der Schule nicht gut bist, dann wird nichts aus dir!« Obwohl es sehr viele Beispiele von erfolgreichen Menschen gibt, die alles andere als gute Schüler waren. So liegt es an uns, zu entscheiden, welche Bedeutung ein Glaubenssatz für unser Leben hat. Sich darüber Gedanken zu machen, was Sie glauben und warum Sie es glauben, hilft Ihnen herauszufinden,

* ob Sie glauben, Sie müssten anders werden,
* ob ein anderer Mensch Ihnen etwas einredet,
* oder ob es eine freie und freudige Überzeugung ist, wenn Sie eine Veränderung in Ihrem Leben planen.

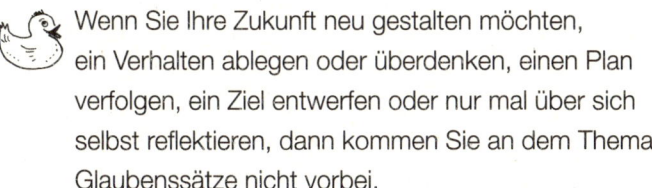 Wenn Sie Ihre Zukunft neu gestalten möchten, ein Verhalten ablegen oder überdenken, einen Plan verfolgen, ein Ziel entwerfen oder nur mal über sich selbst reflektieren, dann kommen Sie an dem Thema Glaubenssätze nicht vorbei.

Dass der Glaube Berge versetzen kann, steht schon in der Bibel. Was für Berge gilt, gilt auch für die innere Entwicklung. Was wir glauben, werden wir sein.

Wenn ich von mir annehme, dass ich wankelmütig bin, dann habe ich vermeintlich feste Beweise dafür, dass dieses Verhalten in mir steckt und sozusagen angeboren ist. Ich krieg es nicht los, auch wenn ich will – vergleichbar mit einem elektrisch aufgeladenen Stück Plastik, das man nicht mehr von den Fingern bekommt.

Glaubenssätze finden sich übrigens auch in Sprichwörtern. Eine kleine Kostprobe:

* Vögel, die morgens singen, frisst abends die Katz.
* Der frühe Vogel fängt den Wurm.
* Früh gefreit, lang gereut.
* Jeder Topf findet seinen Deckel.
* Wer zu viel lacht, der heult noch mal.

Nach diesen Volksmund-»Impfungen«, muss es Sie nicht wundern, wenn Sie sich morgens erschrocken die Hand vor den Mund legen, nur weil sie unbedacht ein Liedchen trällern. Wer weiß, was der Abend bringt? Ohne Witz, als Kind habe ich deswegen immer erst ab 7.45 Uhr mitgesungen, wenn ein Schlager oder sonstiger Hit im Radio lief. Aus unerfindlichen Gründen war die Uhrzeit 7.50 Uhr damals kein Morgen mehr für mich. Vermutlich wollte ich bis zum Schulbeginn wenigstens ein paar Minuten haben, um mir fröhlich eins zu singen oder zu pfeifen.

Glaubenssätze wirken in unserem Leben wie ein Kompass. Das, was wir von uns glauben, von dem wir überzeugt sind und was uns unabänderlich erscheint, bestimmt damit den Werdegang und die Richtung einer Sache, Angelegenheit, Beziehung und damit deren Erfolg. Wenn ich von mir glaube, wankelmütig zu sein, dann wird mir schon der Beginn einer Entscheidung schwerfallen. »Oh je, ich bin nicht der Typ für Entscheidungen!« Ob wir glücklich sind oder nicht, hat sehr viel damit zu tun, welche Glaubenssätze in uns wirken. Und, das sei an diesem Punkt bereits erwähnt, nur weil wir etwas von uns, anderen oder der Welt *glauben*, heißt es noch lange nicht, dass das auch stimmt.

Lisa hat den Glaubenssatz: *Männer, die Blumen mitbringen, sind aufmerksam.* Ihr Mann bringt leider selten Blumen mit. »Ich habe Pech, dass ich so einen unaufmerksamen Typen an der Seite habe«, beschwert sie sich bei mir.

Was denken Sie? Stimmt der Glaubenssatz in dieser Ausschließlichkeit? Wie ist es wohl um Lisas Aufmerksamkeit für andere Gesten und Geschenke bestellt, die Zuneigung bezeugen könnten?

 Energy flows – where attention goes, heißt ein kluger Spruch. Die Energie fließt in die Richtung, in die unsere Aufmerksamkeit geht. Der Spruch erinnert ein wenig an die Geschichte von dem Indianer und seine inneren Wölfe. In vielen Kulturen tauchen Geschichten auf, die dieses Phänomen beschreiben.

Zu erkennen, mit welchen teilweise sehr subtilen Botschaften man sich selbst füttert oder konfrontiert wird, und diese durch unterstützende Sätze abzulösen, hilft, Ihr Leben sehr schnell zu verändern.

Im Coaching erkenne ich Glaubenssätze an Bemerkungen wie: »Klar, ich bekomme immer Strafzettel« – »Ich hab kein Glück mit Frauen« – »Ich komm auch da durch, weil ich immer einen Weg finde.« Oder wie gerade kürzlich in einem Seminar: »Das bringt nichts, ich hab das alles schon versucht, nichts hilft.« Glaubenssätze sind meist kurz und bereits im Ton so gehalten, dass kein Zweifel erlaubt scheint.

Es gibt Glaubenssätze in Bezug auf:

* Ursachen (Ich wurde von der Katze gefressen, also habe ich zu früh gesungen);
* die Bedeutung von etwas (Blumen sind ein Zeichen von Aufmerksamkeit);
* die eigene Identität (Ich bin zu jung, zu alt, zu klein, zu groß, zu dick, zu dünn, zu kompliziert, zu chaotisch, zu langweilig, zu …, zu …, nicht geeignet, nicht talentiert, ich bin ein Pechvogel, Glückskind …).

In unserer Gesellschaft kursieren Tausende von Glaubenssätzen. Im Brustton der Überzeugung wird behauptet, dass etwas so oder so gemacht wird, was anständig ist und was nicht. Schubladen so weit das Auge reicht und überall stecken Menschen drin, die sich dazu nicht äußern können.

Menschen, die in der Werbung arbeiten, sind kreativ (… weil man sie als Spinner sieht und ihnen mehr Freiraum gibt), Buchhalter sind ordentliche Menschen (… sonst könnten sie keine Bilanzen erstellen), Italiener singen gerne (… weil die Sonne in Italien scheint und sie zum Mittagessen bereits Wein trinken), High Potentials arbeiten rund um die Uhr (… sonst ist es aus mit der Karriere), Banker zocken gerne (… deswegen haben wir die Krise).

 Lassen Sie Ihre Ente aus der Schublade raus!

Glaubenssätze fallen nicht vom Himmel.
Glaubenssätze werden »gemacht«

Wie ich bereits erwähnte, entstehen viele Glaubenssätze und Mythen in der Kindheit, in der Zeit, in der wir noch keine Vergleiche haben und uns dadurch keine eigene Meinung bilden können. Unter Mythen verstehe ich Geschichten und angebliche Belege für etwas, die in ihrer Reichweite noch weiter gehen als Glaubenssätze.

* Zeit meines Lebens bin ich viel allein – ich bin eben ein Eremit.
* Ich war immer schon eine Frau zum Pferdestehlen und daher ein Kumpeltyp.
* Schon meine Familie musste dauernd Feste feiern.
  Ohne Feste ist das Jahr für uns langweilig.

Sie glaubten das, was Ihre Eltern sagten. Fand Ihr Vater Sie »mutig und selbstständig«, dann ist gut möglich, dass Sie auch heute noch von diesem Glauben profitieren. Hörten Sie aber öfter »Vorsicht! Dafür bist du zu klein!«, kann es auch heute noch sein, dass Sie sich zu klein fühlen, etwa, wenn es um einen Karrieresprung geht.

Es wäre doch interessant, jetzt einmal kurz in der eigenen Kindheit spazieren zu gehen. Wie haben Ihre Eltern über Sie gesprochen? Welche Kosenamen hat man Ihnen gegeben? Was hat Ihre Mutter zur Nachbarin oder der Vater zu einem Kollegen über Sie gesagt?

Unser Kleiner, der ist immer …

Unsere Kleine, also da kann man darauf wetten, dass sie …

_____

_____

Je wichtiger uns der Mensch ist, der diese Aussage über uns macht, je intensiver und somit prägender der Moment war, in dem diese Aussage über uns in der bestimmten Situation fiel, desto eher glauben wir sie. Das gilt nicht nur für die Zeit der Kindheit. Auch heute hören wir aufmerksam zu, wenn ein anderer Mensch uns von seinem Bild von uns berichtet. Das kann ein Freund, eine Freundin, ein Chef, eine Vorgesetzte, ein Arzt oder Therapeut, ein Kollege oder eine Kollegin sein.

Jemand, der Ihnen etwas bedeutet, beschreibt Sie in knappen Worten und Sie merken auf, oder das Gesagte hallt lange in Ihnen nach:

* »Immer bist du so vorlaut!«
* »Komm, das kannst du doch!«
* »Klar, dass du kneifst, du kneifst immer, wenn es ernst wird!«
* »Warum machst du immer so viel Wind um die Sache?«
* »Typisch du!«
* »Du erinnerst mich an …«

Positive Glaubenssätze unterstützen. Sie formulieren Fähigkeiten, auf die man sich selbst verlassen kann, Talente, die sich entfalten sowie liebenswerte Verhaltensweisen, die auch anderen Menschen guttun:

* Ich kann das.
* Ich habe das schon mal geschafft und werde es wieder schaffen.
* Ich habe ein Talent, Krisen zu bewältigen.
* Ich kann sehr gut mit Stress umgehen.
* Ich bin ein überlegter, aber flexibler Mensch.
* Ich bin verlässlich.

Negative Glaubenssätze schränken ein:

* Ich kann das nicht.
* Ich bin nicht der Typ dafür!
* Ich bin nicht gebildet genug.
* Ich bin mittelmäßig.
* Ich bin nicht attraktiv genug.
* Keiner liebt mich.
* Das ist einfach nicht mein Ding!

Annahmen von sich selbst werden durch Beispiele genährt. »Aaah, schon wieder!« Man nennt dies auch »Filter«, das heißt, Sie bemerken dann diejenigen Situationen ganz besonders, die den Glaubenssatz oder Mythos unterstützen.

Je nachdem, auf welcher Seite Sie mehr sammeln, so werden Sie sich fühlen. Meine Freundin Klara geht von sich aus, dass sie ein chaotisches Wesen hat. Ihr Büro war bei meinem letzten Besuch jedoch sehr ordentlich. »Wow!«, staunte ich. »Wie hast du denn das geschafft?« – »Ach«, Klara wischte meine Anerkennung mit einer Handbewegung fort. »Das ist nur eben mal, weil ich mich zwei Tage angestrengt habe. Wird nicht lange halten, dazu bin ich einfach zu unordentlich.« Was glauben Sie, welche Seite von Klara wird gewinnen und welcher Wolf wird in ihr gefüttert?

Wir sammeln für die Zukunft! Die rosa Ente kann aufzählen, wer sie alles in der Vergangenheit bereits schief angeschaut hat; ab jetzt beginnt sie, die Blicke bewusst zu sammeln, die freundlich und zustimmend sind.

Um es mit dem Bild zu erklären, dass ich bei Coaching-Seminaren in Banken oft benutze: Auf welchem Konto möchten Sie Ihr Vermögen ansammeln? Auf dem Konto mit den Verhaltensweisen, die Sie nicht mögen – oder auf dem Konto von den Verhaltensweisen, die Sie stärken möchten? Ich empfehle Ihnen, wenn es um Verhaltensänderung geht, ein Konto, das nur die Einnahmen zählt. Erzählen Sie sich, was Sie gut können und richten Sie Ihre Aufmerksamkeit dorthin, wo erste Erfolge sichtbar sind.

Meine Buchhaltung

kann ich gut:	kann ich sehr gut:
.	.
.	.
.	.
.	.
.	.
.	.

Wie Sie negativen Glaubenssätzen die Macht nehmen

Es gibt etwas, das negative Glaubenssätze scheuen wie der Teufel das Weihwasser: NACHFRAGEN! Fragen wollen Belege, und wenn Sie eine negative Botschaft in Ihrem Inneren entsprechend hinterfragen, dann werden Sie sehr häufig feststellen: Vom Inhalt dieser Botschaft bleibt nichts als heiße Luft zurück! Ein Beispiel: »Das kann ich ja doch nicht – das schaffe ich nicht!« Ein sicher auch von Ihnen oft gehörter Satz. Wahrscheinlich hören Sie ihn noch viel häufiger in Ihrem Inneren, als dass andere Ihnen diese Botschaft vermitteln.

Fragen Sie zurück:

* Warum glaube ich, dass ich das nicht kann?
* Welchen Zweck hat diese Botschaft?
* Ist das wirklich wahr? Gibt es dafür Beispiele?
* Gibt es auch Beispiele dafür, dass ich Schwierigkeiten überwunden und Dinge geschafft habe?

Ausnahmen bewirken wahre Wunder beim Entmachten von Glaubenssätzen. Die bestätigen nämlich nicht die Regel, sondern ganz einfach, dass der Glaubenssatz nicht stimmt. Wenn es schon einmal hingehauen hat, dann können Sie ja das »Nie!« aus dem Satz schon einmal streichen. Wo eine Ausnahme ist, da ist auch ein Weg – und zwar in die richtige, erfolgreiche Richtung. Dieser Spur sollten Sie nachgehen!

Glauben Sie erst einmal nichts. Fragen Sie nach. Ein-schränkende Botschaften sollten grundsätzlich über-prüft werden.

Falls Ihr Glaubenssatz besonders hartnäckig ist, hier eine Übung:

1. Finden Sie einen Glaubenssatz, der Sie in Ihrem Leben ein-schränkt. (Beispiel: »Ich bin so unsicher.«)
2. Wie würde dieser Glaubenssatz klingen, wenn er positiv for-muliert wäre? (Beispiel: »Bevor ich mich entscheide, durch-denke ich eine Situation gründlich.«)
3. Wann haben Sie schon mal erlebt, dass es funktioniert hat und Sie davon profitiert haben?
4. Erhalten Sie sich dieses positive Gefühl, das Sie aus der Ver-gangenheit kennen und nennen Sie den negativen und positiven Glaubenssatz laut. Sprechen Sie die beiden Glau-benssätze so lange abwechselnd und immer schneller wer-dend hintereinander, bis der negative Glaubenssatz ent-machtet ist.
5. Wenn Sie nun Ihren positiven Glaubenssatz nennen, sollte das blockierende Gefühl nicht mehr vorhanden sein.
6. Stellen Sie sich drei Situationen in der Zukunft vor, in denen Sie den positiven Glaubenssatz leben werden.

Nicht der Glaubenssatz allein ist die Herausforderung, sondern die Wachheit, ihn zu erkennen. Man muss seine Ohren nach innen wie nach außen hin spitzen, um diese Sätze und inneren Haltungen herauszuhören. Ohne eine Überprüfung dieser Ge-danken und Sätze, ist Veränderung sehr schwer. Erinnern Sie sich an die neue Sicht, die neue Bewertung einer alten Sache, das sogenannte Refraiming?

Der Zauber der Störung

Ich bin manchmal schnell genervt, will etwas erledigen, etwas machen. Dann ruft jemand an, klingelt an der Tür, die Spülmaschine streikt und das Handy hat sich versteckt. »Störungen sind grauenhaft!«, war mein Glaubenssatz. Dann nahm ich mir vor, die Sicht zu ändern und suchte das Geschenk in der Störung, in dem ich mein Augenmerk auf die positiven Auswirkungen richtete und nicht auf die negativen. Es gab viel für mich zu finden, denn ich entdeckte in den Störungen vieles, das mir gefiel. Ich kam mit Menschen in Kontakt, mit mir, ich fand zum Beispiel Ruhe bei Verspätungen der Bahn und das verlegte Handy ermöglichte mir eine kleine Pause.

Durch meine Neugier und Aufmerksamkeit habe ich dem, was mich früher ungeduldig und übellaunig machte, ein neues Kleid übergezogen. Heute reagiere ich positiver, wenn ich gestört werde.

Das Erkennen und Wandeln von negativen Glaubenssätzen ist ein wichtiger Schritt. Mit dieser Reflexion werden Sie erkennen, ob Sie selbst an einem alten Verhalten festhalten. Wandlung ist nur möglich, wenn wir erkennen, dass wir uns wandeln können und auch darüber sprechen.

Wie lautet jetzt Ihr persönlicher unterstützender Glaubenssatz von sich selbst?

Für mich habe ich herausgefunden, dass mein Glaubenssatz über meine Launenhaftigkeit falsch ist. Ich bin nicht launisch, sondern vielseitig. In mir lebt eine große Begeisterungsfähigkeit und ein Spieltrieb. Egal, ob es berufliche oder private Projekte sind, ich würde am liebsten gleichzeitig ganz viele Sachen machen und hätte gerne Parallelleben, um all das tun zu können, was ich gerne erleben und erfahren würde. Deswegen sind manche Entscheidungen schwer für mich. Ich möchte nichts ausschließen, also suche ich nach einer Rangfolge. Erst dies und dann das. Diese Haltung ist nicht wankelmütig, sondern das, was man unter geordneter, organisierter Kreativität verstehen könnte.

Was denken Sie? Mit welcher Haltung komme ich in meinem Leben und Beruf weiter? Welches Denken gibt mir mehr Chancen und lässt mir größeren Raum? Welcher Glaubenssatz begünstigt Veränderung und welcher nicht?

Energy flows – where attention goes

Einer meiner liebsten persönlichen Glaubenssätze heißt:
Ich suche das Gute und ich werde es finden.

Kapitel 5

Die pure Vielfalt. Sie sind nicht nur so oder so! Sie sind so und so und so …

Wenn ein Klient zu mir kommt, dann sehe ich in ihm immer einen ganzen Verein!«, beschreibt der Psychotherapeut Dr. Gunther Schmidt das Phänomen der Vielfältigkeit von Menschen. In der Tat, wir haben nicht nur eine Ausprägung, sondern sehr viele. Menschen sind facettenreich und stecken voller Überraschungen. »Das hätt' ich von dem nie gedacht«, erzählte mir meine Tante von einem Nachbarn. Der kauzige Mann hatte doch tatsächlich Schnee für sie geschippt. Er war eben nicht nur kauzig, sondern auch hilfsbereit. Ganz sicher sind in diesem Mann noch ein paar überraschende Verhaltensweisen mehr versteckt. Gute und vielleicht auch welche, die wir nicht begrüßen würden. Wie es dem Nachbarn geht, so ergeht es auch Ihnen. In all den Jahren Ihres Lebens, haben Sie Ihre Persönlichkeit geformt, die man als eine Sammlung verschiedener Aspekte beschreiben könnte. Auch wenn sich darunter Verhaltensweisen und Charakterzüge befinden, die Sie oder andere als »störend« beschreiben, haben Sie noch sehr viele andere Seiten, die positiv sind. Und auch die Seite, die Ihnen momentan als ungut erscheint, trägt in sich wiederum Aspekte, die bei genauerer Betrachtung sinnvoll und gut sind. Dass

Menschen, Sie und ich und viele andere, diese Aspekte oft nicht erkennen, hat weniger etwas mit den Aspekten selbst zu tun, sondern damit, dass wir uns keine Zeit nehmen, sie zu finden.

Wenn ich Sie nun frage: »Wer sind Sie?« oder »Was für ein Typ sind Sie?«, werden Sie feststellen, dass das gar nicht so leicht zu beantworten ist, sondern man ein bisschen nachdenken und abwägen muss. In Anlehnung an Goethe, schlagen eben nicht nur zwei, sondern viele Herzen – ach! – in einer Brust. Nicht nur andere Menschen sind verschieden, wir sind es auch. Das ist im besten Sinne *diversity*, ein Gedanke, den viele Unternehmen pflegen. Bewusst gelebte Verschiedenheit ist die beste Basis für Kreativität und Verständnis, denn nur, wenn Sie viele Ihrer Seiten bewusst erleben, können Sie sich in andere Menschen hineinversetzen oder Ihre eigenen verschiedenen Seiten wertschätzen, um so, möglichst flexibel, auf die verschiedensten Anforderungen zu reagieren.

In der systemischen Beratung und Supervision arbeitet man sehr viel mit Konzepten und Unterstützungen, die dieses Denken der »Vielfältigkeit« als Grundlage haben. Diese Konzepte verstehen unser Sein als eine Art »Regierung«. Es gibt verschiedene Parteien, die ihr Veto oder ihre Parolen in den Prozess der Entscheidungsfindung einbringen und sie fassen letztendlich einen Beschluss, wie es gemacht wird. Dieser Entscheider sind Sie – allerdings wird Ihr Programm nur so gut ausfallen, wie gut Sie Ihre inneren Parteien und Stimmen kennen, wie vertraut Sie mit deren Befürchtungen, Ängsten und Wünschen sind und sich von den Rebellen und inneren »Wutbürgern« nicht zu sehr beeindrucken lassen. Klingt das jetzt ein wenig verwirrend? Dann probiere ich es mal mit einem Beispiel, um den Gedanken zu verdeutlichen.

Während meines Studiums wohnte ich mit Mario zusammen, den ich liebevoll meinen »kleinen Rocker« nannte (was er hasste). Unsere WG war etwas, das von außen betrachtet gar nicht funktionieren konnte. Ich, die BWLerin und er, ein paar Jahre jünger als ich, der Türsteher einer in Frankfurt bekannten Diskothek. Unsere Leben waren unterschiedlich, wie sie unterschiedlicher nicht sein konnten. Zu unserer Unterschiedlichkeit kam noch hinzu, dass Mario selbst noch verschiedene Persönlichkeitszüge in sich trug, die teilweise so gegensätzlich waren, dass ich mir manchmal den Bauch vor Lachen hielt. So war er ein Harley-Besitzer, der sein Motorrad liebevoll auf unserer Veranda parkte, damit er es auch immer im Blick hatte, ein Typ, der sogar mit Baseballkappe schlief und der die Mahnschreiben seiner Bank nicht nur zurückschickte, sondern darauf auch noch die Worte »gelesen und gelacht« vermerkte. Ein echter Haudegen, der sich die Nächte in Rockerspelunken um die Ohren schlug und ein Gewinner im Wettsaufen war. Mario hatte oft Besuch, denn der Rocker an sich ist nicht gern allein und taucht am liebsten im Rudel auf. So lernte ich ihn kennen und so traf ich ihn meistens an: lärmend, zotig, ein Großmaul eben. Was will die Weiner denn mit dem? Fragten sich meine Kollegen.

Ich fand das WG-Leben mit Mario sehr bereichernd, denn früh und plastisch durfte ich damals schon erfahren, dass der Satz: »Zwei Herzen schlagen, ach, in meiner Brust«, wie aus dem Leben gegriffen ist. Waren wir allein, hatte Mario nämlich nichts mehr von dem Kerl in Lederkluft, sondern verwandelte sich in eine derart pedantische Hausfrau, wie sie keine Komödie besser erfinden könnte. Im besten Frankfurterisch zeterte er auf mich ein: »Weiner, wenn du weiderhin so viel Haar verlierst, dann lass isch disch nur noch mit de Badekapp in die Woohnung!«

Ich hatte ihn dabei auf der Erde kniend vorgefunden, wie er mittels eines Schwämmchens den Badezimmerteppich reinigte.

Seine Kumpels haben den Mario mit dem Putzschwämmchen nie zu sehen bekommen. Sobald er das »Blubbern« einer Harley hörte, ließ er Schwämmchen, Tuch und Essigreiniger verschwinden. Er ließ dann wieder die Kronkorken springen und rülpste so laut, dass die Gardinen meines Zimmers wehten. War Mario jedoch verliebt, dann putzte er sich heraus, »fraß Kreide« und verwandelte sich in einen Koch, zauberte die unglaublichsten Köstlichkeiten an unserem kleinen Herd und verzehrte diese dann später im Beisein seiner Freundin mit umgebundener Serviette und abgespreiztem kleinen Finger. Ich lernte den wütenden Mario kennen, der sich von seinem Mädchen »verarscht« fühlte und auch die sehr verletzte und »kleine« Seite von ihm, als diese ihn mit einem anderen betrog. Nach vielen »Pflümli« fand ich ihn heulsusig, von Bauchgrimmen geplagt in seinem Zimmer vor: »Isch würd ja um se kämpfe, wenn isch nur net so ä Weichwoschd wär!«

All das war Mario. Oh, einen habe ich noch vergessen: den Kleinkriminellen Mario, der nächtens krumme Dinger drehte und mich im Morgengrauen mit dem stolzen Versprechen weckte: »Weiner, isch glaab, wir habbe ka Geldsorche mehr.« Es hat nie geklappt, was wohl auch besser war, darüber hinaus hatte ich sowieso keine Geldsorgen zu dieser Zeit, zumindest keine, bei denen der »Kredit« eines überfallenen Supermarktes geholfen hätte. Als die Bank trotz aller Aufforderungen nicht lachen wollte und den Gerichtsvollzieher schickte, wanderte Mario nach Australien aus, nicht ohne vorher ziemlich viele Menschen, mich mit eingeschlossen, noch einmal tüchtig übers Ohr zu hauen. Wie auch immer, es war eine besondere Zeit und sollte ein Filmproduzent Lust haben, mit mir ein Drehbuch zu entwickeln, ich wäre sofort dabei. Viele verrückte Geschichten konnte ich hier gar nicht erzählen, weil es ja nicht um Mario und mich geht, sondern um viele mehr, nämlich die vielen Persönlichkeiten, die in uns allen stecken.

Zurück zu Ihnen. Was Mario kann und ist, das können und sind Sie nämlich auch. Nur, das hoffe ich zumindest, wollen Sie Ihre vielseitigen Kompetenzen vielleicht etwas bewusster, sprich intelligenter nutzen. Zum Beispiel, indem Sie – Sie ahnen es schon – erkennen, dass Ihre Verschiedenheit Ihnen großen Nutzen bringen kann. Der erste Schritt besteht darin, darauf zu hören, was da so alles in einem schwätzt.

Das innere Hörspiel

Wenn Sie in sich hineinlauschen, dann werden Sie vermutlich eines kleinen »Chors« von Stimmen gewahr werden. Diese Stimmen tragen maßgeblich dazu bei, ob wir uns »passend« fühlen oder unzulänglich. Wenn es eher um letzteres geht, dann zeigt sich das in verschiedenen Gefühlen (verstimmt, verärgert, traurig, bockig, verzweifelt, arrogant), und/oder wir streben eine Veränderung an. Wie immer wir aber entscheiden, die inneren Stimmen sprechen ein Wörtchen mit. Und das tun sie ständig, wenn auch nicht immer auf sehr schlaue Art und Weise. Sogar jetzt, da ich mich mit Ihnen unterhalte, kann es sein, dass Ihre inneren Stimmen noch immer meine Geschichte mit Mario oder Ihre eigene Vielfältigkeit infrage stellen oder diskutieren. Das könnte ein kleines Geraunze sein, ein interessierter Kommentar und auch eine richtige Diskussionsrunde:

* Das hat die doch erfunden, das mit dem Rocker.
* Spinnt die? Ich höre keine Stimmen. Ich bin doch nicht bekloppt!
* Innere – was?
* Was soll denn das mit Veränderung zu tun haben …?
* Lustig, stimmt.
* Und die Lottozahlen, bekommt man die vielleicht auch zu hören?
* Ist mit den Stimmen vielleicht der Instinkt gemeint?

Halten wir zu Beginn, der Einfachheit halber, erst einmal fest, dass es innere Stimmen gibt, die entweder untereinander oder mit Ihnen schwätzen. Falls Sie sich – ob nun auf vergnügliche oder weniger vergnügliche Art – mit sich selbst unterhalten, nennt man das übrigens im Fachjargon »innerer Monolog«. Wie dieser Monolog auf uns einwirkt, möchte ich Ihnen anhand eines Beispiels aufzeigen.

Bei meiner Klientin Sandra geht es um eine schöne Sache: Sandra möchte eine Mentorin finden. Sie arbeitet in einem großen Chemieunternehmen. Um Führung in Zukunft anders zu gestalten, werden in Sandras Unternehmen derzeit weibliche Nachwuchskräfte und Talente sehr gefördert. Sandra nimmt an einem Mentoringprogramm teil, das ich entwickelt habe, dem SMS (Self Mentoring System). Bei diesem besonderen Mentoringprogramm suchen sich die Mentees eigenverantwortlich einen Mentor oder eine Mentorin und werden von mir dabei begleitet. Sandra ist auf dem besten Weg, sie hat sich in ihrem Unternehmen umgeschaut und mehrere Führungskräfte ausfindig gemacht, die für sie als Mentor infrage kommen. Zudem – das ist bei diesem Mentoring sehr wichtig – hat sie ihre Ziele definiert und peilt die nächste Karrierestufe an. Eigentlich ist also alles im grünen Bereich, aber als wir uns zum Coaching treffen, ist Sandra alles andere als zufrieden. »Etwas in mir lässt mir keine Ruhe«, eröffnet sie das Gespräch. »Obwohl ich doch eigentlich stolz sein müsste, dass ich alles so gut vorbereitet und strukturiert habe, fühle ich mich unzulänglich. Da gibt es etwas in mir, was sagt, ich hätte das noch besser machen können.« Als ich genauer nachfrage, stellt sich für uns beide heraus, dass es da nicht nur eine »Nörgeltussi« in ihrem Inneren gibt, sondern sich noch weitere Stimmen in die Mentorensuche einmischen.

»Du hast doch gar keinen Plan, was du von Frau XY genau lernen willst!«, ist dabei die lauteste Stimme und dann folgen im bunten Durcheinander Statements, Bedenken und Einwände wie:

»Einfach anrufen … bist du naiv!«

»Da könnte ja jede kommen!«

»Die hat sicher schon Mentees und gibt dir eine Abfuhr.«

»Andere können das besser mit den Mentoren.«

»Du bist dafür nicht geschaffen.«

»Jetzt nicht.«

»Ich weiß nicht, was ich will.«

»Ein einziger Problemberg«, beginnt Sandra zu stöhnen. Viele Köche verderben den Brei und viele Stimmen verderben den Erfolg, es sei denn, sie kommen miteinander in einen sinnvollen Dialog.

Die Ansammlung der gegenläufigen Argumente braut sich jedoch für Sandra zu einer hübschen Selbstsabotage zusammen, die sie mit dem Satz: »Ich weiß nicht, was ich machen soll«, beschreibt. Wenn einen so viele Argumente beschäftigen und man sich selbst als einzigen »Problemberg« erlebt, dann ist es sinnvoll, zunächst einmal eine Pause einzulegen: Alle Räder mal stillgestanden, bis die Chefin weiß, wohin wir fahren!

Wenn ich Sandra anschaue, dann bemerke ich, dass sie mehr in ihrem Sessel »hängt« als sitzt. Ihre Haut ist matt und die Augen sind glanzlos. Kein bisschen Begeisterung ist mehr zu spüren, nur eine große Müdigkeit. Wenn wir die inneren Stimmen nicht nutzen, sondern mit ihnen ringen, dann kostet das sehr viel Energie. Energie, die an anderer Stelle wichtig wäre.

Nicht nur Mario, Sandra und ich, alle Menschen sind so gesehen »viele mehr«, als wir im Alltag wahrnehmen. Nicht ein Mensch steht Ihnen gegenüber, sondern ein vielfältiges ICH, das sich, je nach Situation, sehr verschieden zeigen kann – hier ein paar Beispiele:

* Susanne, eine junge Mutter, empfindet sich als scheu und zurückhaltend. Würde ein anderes Kind ihren kleinen Sohn bedrohen, wäre sie sofort mutig wie eine Löwin.
* Michael behauptet von sich, er wäre durch und durch Stratege. Wenn er zum Steuerberater muss, fühlt er sich hilflos wie ein kleines Kind.
* Peter ist Arzt und kann über jede Diagnose sprechen – solange ein Patient nicht weint. Geschieht dies, will er weglaufen, weil er sich so hilflos fühlt.
* Patricia hat ihr Leben voll im Griff. Nur wenn sie verliebt ist, kommt sie zu nichts, weil sie nur noch mit dem Nachdenken über die Liebe beschäftigt ist.

✳ Olga ist nüchterne Lehrerin. Wenn sie auf der Bühne steht, verwandelt sie sich zu einer Entertainerin, wie man sie selten findet.

So, nun zu Ihnen, aber sicher haben Sie beim Lesen ohnehin schon über Ihre eigene Vielfältigkeit nachgedacht. Welche Persönlichkeitsaspekte sind Ihnen vertraut?

einfühlsam	zärtlich	einsilbig
stur	überzeugend	scheu
fürsorglich	unordentlich	schüchtern
sparsam	kühl	selbstbezogen
egozentrisch	pedantisch	selbstzufrieden
familiär	verständnisvoll	bequem
spendabel	lustig	souverän
teamorientiert	diszipliniert	ängstlich
ordentlich	unterstützend	selbstbewusst
Einzelkämpfer/	nachgiebig	gewissenhaft
Einzelkämpferin	berechnend	geradlinig
chaotisch	langweilig	unsicher

Ihnen fallen noch weitere Eigenschaften ein, die Sie auszeichnen? Das wundert mich nicht. Ob wir ein Hasenfuß oder ein Robin Hood sind, können wir nie mit absoluter Bestimmtheit von uns sagen. Denn wie wir uns verhalten, ob mutig oder verzagt, hängt von verschiedenen Einflüssen ab, etwa unserer Tagesform, der Situation und weiteren Umständen. Erinnern Sie sich an Mario: Bei seiner Freundin war er sanfter Kavalier und als Türsteher einer bekannten Diskothek ließ er die Zähne knirschen und seine Muskeln gefährlich spielen.

In uns steckt eine ganze Menge und ich möchte dafür noch-mal den Begriff Kompetenzen verwenden. Dass Mario so galant sein konnte, war eine Kompetenz, die ihm den Kontakt mit Frauen sehr erleichterte. Dass er wie ein Hund knurren konnte, war eine Kompetenz, die ihm Achtung und Respekt bescherte. Seine Hausfrauenseite war eine Kompetenz, die das Bad nur so glänzen ließ. Wir alle sind vielfältig und wunderbar. Deswegen ist es schade, wenn Sie sich selbst nur auf einen Aspekt oder wenige reduzieren:

* Ich bin immer so einfallslos.
* Ich habe keinen Mumm.
* Ich bin zu schwach.

Erinnern Sie sich an all diese Schubladen aus dem Kapitel über die Glaubenssätze. Diese Verallgemeinerung und Reduzierung stimmt ganz einfach nicht. Sie haben viele Persönlichkeitsfacet-ten und alle haben ihre eigene Geschichte, ihr »Parteipro-gramm« und ihren Sinn.

Jeder Anteil der Persönlichkeit hat seine Aufgabe, seinen Hintergrund, einen guten Willen, einen Sinn. Nur manchmal könnte der gute Sinn auch besser gelebt werden. Deswegen ist es bei Veränderungs-prozessen, oder wenn man sich nicht mag, so wie man ist, eine hervorragende Übung, mit diesen Anteilen zu kommunizieren: die Anteile zu fragen, wo ihre Kommentare herkommen und wofür sie da sind.

Jochen, einer meiner Klienten, kam zu mir mit dem Glaubenssatz: »Ich bin ein schlechter Vater, weil ich so aufbrausend bin. Wenn meine Kinder Unordnung machen, dann dreh ich durch. Mein Sohn ist besonders schlimm, er wirft seine Spielsachen einfach auf den Boden und lässt sie dort liegen. Meine Tochter ist ein bisschen jünger als mein Sohn, sie schaut sich das Verhalten von ihm ab und lässt auch einfach alles stehen und liegen, wo es ihr passt. Wenn ich meine Kinder zum Aufräumen ermahne und es passiert nichts, platzt mir bei der dritten Ermahnung der Kragen. Dann brülle ich sie an. Ich kann mich in diesen Augenblicken überhaupt nicht leiden. Es ist schrecklich, dass ich so bin.«

Als ich ihn nach dem Vorteil des Brüllens fragte, was das Brüllen Gutes will, war Jochen erst einmal verblüfft (»Wie? Gutes?«), um gleich zu entscheiden: »Das gibt es nicht.«

Doch Sie ahnen vermutlich schon, dass dies nicht stimmt. Denn das Brüllen bringt Jochens Kinder dazu, dass sie dann tatsächlich aufräumen. Das Unterbewusstsein des Familienvaters registriert dies auch: »Wenn ich brülle, tun meine Kinder, was ich von ihnen verlange.« Ziel erreicht. Um beim nächsten Mal das gleiche Ergebnis zu erzielen, wird das gleiche Vorgehen gewählt. Denn unser Unterbewusstes will, dass es uns gut geht, es hilft uns, unsere Ziele umzusetzen. Der Parteivorsitzende der »Brüllaffen« geht auf das Podium und bestimmt: »Wir, die Brüllaffenpartei, machen nicht lang herum, wir verhandeln nicht, wir hauen auf den Tisch, brüllen und es wird gemacht. Das, meine Damen und Herren, ist eine effektive Regierung!«

In Ihnen gibt es aber nicht nur eine Partei, sondern viele. Die Frage ist, ob das Ziel auch anders zu erreichen ist und die Brüllaffen nicht bei anderen Aufgaben besser eingesetzt werden?

Etwa, wenn es darum geht, sich bei einer Bedrohung aufzuplustern.

Jochen war sehr unglücklich mit seinem Verhalten und sah sich als autoritärer Affe, der seine Kinder kleinhält. Aber: »Was soll ich tun, ich bin nun mal so, wie ich bin!« Nein Jochen, das sind Sie nicht. Sie sind »so« und »so« und »so«.

Um diese Idee zu visualisieren, malte ich auf dem Flipchart einen Kreis und bat Jochen, hineinzuschreiben, welche unterschiedlichen Verhaltensweisen er seinen Kindern gegenüber zeigt. Etwa beim Gute-Nacht-Sagen. »Brüllen Sie da auch?«

»Nein!« Jochen schmunzelte.

»Und wenn sich Ihre Tochter verletzt hat?«

»Neeeiiin!!!«

»Und wenn Ihr Sohn ein Spiel verliert, wenn Weihnachten ist, das Häschen Ihrer Tochter stirbt, wenn Ihr Sohn eine Eins geschrieben hat, die Tochter bei einem Wettbewerb gewinnt?« Nie brüllt Jochen dann. Er brüllt nur bei Unordnung und Chaos. Das ist die einzige Situation, in der die Brüllaffenpartei in ihm auftritt. Folglich sollte sie doch nicht so tun, als sei sie die Regierung.

Das Brüllen entsprach also einem verschwindend kleinen Teil seines Verhaltens. Der Rest war von Verlässlichkeit, liebevoller Aufmerksamkeit und vertrauensvoller Unterstützung geprägt.

Dieses Bild rückte seinen Eindruck von sich wieder zurecht. Und er erkannte, dass es mehr Parteien in ihm gibt. »Könnten Sie nicht mal eine andere Partei agieren lassen?«, fragte ich. Etwa die der Erzengel, die der Geduldsesel, die der Mentoren, oder die der Clowns?« Auch Mary Poppins hatte mit Spaß und Vergnügen in der Erziehung viel Erfolg!

Wir suchten viele Beispiele und malten uns aus, wie eine andere Partei den Konflikt um das Chaos lösen würde. »Ich probier das aus!«, entschied Jochen. Nach ein paar Versuchen, würde er sich entscheiden, welche Partei das Sagen hat. »Die Brüllaffen haben erst einmal nicht genügend Stimmen um mitzuregieren. Sie kommen auf die hinterste Bank.«

Hinterste Bank ist gut, dachte ich und erinnerte Jochen daran, die Brüllaffen nicht komplett aus dem Parlament zu werfen. »Man weiß nie«, schmunzelte ich, »wofür man sie mal braucht.«

 Als eine besonders gute und schnelle Hilfe bei »Brüll-affen«-Problemen erlebe ich die Veränderung des Satzes von »Ich muss so reagieren!« in »Ich könnte so reagieren!«

Wenn Sie so reagieren könnten, dann könnten Sie auch anders – und schon kommen Sie in Kontakt mit all den guten Teilen Ihres Selbst, die auch noch im Parlament sitzen.

Ein Selbst besteht aus vielen Selbsten

Vom »so« und »so« zum inneren Team

Egal, ob Sie es »inneres Unternehmen«, »inneres Team« oder »Verein« nennen, Sie können diese Vielfalt nutzen. Am besten geht das, wenn Sie allen Stimmen lauschen, ein »Vorsitz« aber die Entscheidung fällt. Diese Königin oder dieser König im eigenen Reich sind Sie! Lassen Sie Ihre Untertanen, Vereins- und Teammitglieder sprechen und Sie werden viele Vorhaben dadurch von allen Seiten beleuchten. Walt Disney nutzte bereits diese verschiedenen Sichtweisen und entwickelte ein Vorgehen, das auch heute noch oft genutzt wird.

Robert Dilts, Mitbegründer des NLP (Neuro-Linguistisches Programmieren) stellte fest, dass erst das Zusammenspiel von ganz unterschiedlichen Persönlichkeitsanteilen kreative Leistungen möglich macht. Der Erfolg des Zeichentrickfilmkönigs Walt Disney ist unter anderem darauf zurückzuführen, dass er in seinem Büro, wie es heißt, drei verschiedene Sessel benutzte:

* einen zum Träumen,
* einen zum Planen,
* einen, um alles kritisch zu reflektieren.

In manchen Büchern liest man auch, dass er für diese drei Aspekte in verschiedene Räume ging. Wichtig war dabei, dass zur Zielfindung verschiedene Zustände eingenommen wurden: Erst wurde nur geträumt, dann nur kritisiert, dann nur umgesetzt.

Normalerweise springen wir mit den Gedanken hin und her. Wir träumen, wir kritisieren und wir setzen um. Das Durcheinander im Kopf macht, dass wir wertvolle Informationen nicht wirklich wahrnehmen, beziehungsweise nicht zu Ende denken.

Die Aspekte behindern einander, wenn sie gleichzeitig aktiv sind. Fazit: Lösungen lassen sich besser finden, wenn Sachverhalte nacheinander aus unterschiedlichen Blickwinkeln betrachtet werden. Ihre inneren Stimmen sind dabei Gold wert!

Friedemann Schulz von Thun erzählt in seinen Büchern und Vorträgen oft von einer fleißigen Studentin, von der sich ein etwas weniger engagierter Kommilitone eine Mitschrift ausborgen will. Sie möchte nicht Nein sagen und schwankt dadurch emotional zwischen Ärger (»Er nutzt dich aus.«) und Kollegialität (»Man muss sich gegenseitig helfen.«). Dadurch entsteht ein innerer Zwiespalt. In seinem Modell nennt Schulz von Thun solche inneren Anteile »Stimmen« oder »Mitglieder des inneren Teams«. Es ist wichtig, jedes Mitglied des inneren Teams zu würdigen, denn »innere Pluralität« ist menschlich und wertvoll. Doch je nach Ablauf der inneren Diskussionen, je nachdem, wie sich das »innere Betriebsklima« gestaltet und ob eine gute Gesprächsleitung vorhanden ist, können wir ein »inneres Team« dirigieren und das Beste aus ihm herausholen wie ein guter Dirigent aus seinem Orchester – oder aber unter einem ewig zerstrittenen Haufen leiden, mit nachteiligen Folgen auch für die Kommunikation nach außen. Der Heidelberger Psychotherapeut Gunther Schmidt lässt den inneren Stimmen sogar Gestalt, Namen und einen Körperausdruck geben. Auf diese Weise lässt sich noch besser mit den Stimmen kommunizieren.

Maritta ist viel auf Geschäftsreisen und ist sauer auf sich, weil sie zwar unter der Woche, aber nicht am Wochenende joggt. Zu ihrem Bild einer gesunden, dynamischen, erfolgreichen Geschäftsfrau zählt die frühmorgendliche Joggingeinheit. »Ich bin schwach«, beschimpft sie sich, »ich komm aus dem Bett nicht raus und ich hasse mich dafür.« Als ich ihr antworte: »Vielleicht ist Ihr Organismus sehr schlau und gar nicht träge. Könnte es sinnvoll sein, am Sonntag auszuschlafen?«, stutzt sie. Wenn man unter der Woche in einem derart strengen Korsett agiert, ist es vielleicht wirklich sinnvoll, wenigstens einen Tag in der Woche entspannt und nach Lust und Laune zu beginnen. Das kann mal joggen sein und mal im Bett liegen bleiben, Tee trinken und lesen. Maritta erkennt, dass sie nicht schwach und schon gar nicht hassenswert ist, sondern im Gegenteil, dass sie bereits sehr fleißig ist und ihr Organismus in ihrem Sinne handelt, wenn sich am Wochenende ihre Reserven wieder auffüllen. Sie braucht sich nicht zu ändern, sondern ist schon gut so, wie sie ist.

Sobald wir mit den inneren Stimmen zu arbeiten beginnen, kommt etwas in Fluss, was vorher stillstand. Sehr häufig wird dann die ganze Situation als leichter erlebt. Immerhin kann man nun über manchen Reinfall sagen: »Nicht ich habe den Fehler begangen, es war nur eine Seite von mir.« Und auf einmal wird ganz deutlich, dass auch die Nörgler und Besserwisser in uns immer etwas im Sinn haben, wenn sie uns zu etwas auffordern oder von etwas abhalten wollen.

Lena, eine PR-Fachfrau, war in einer privaten und beruflichen Krise, als sie zur mir ins Coaching kam. Sie hatte ihren Job verloren und ihre Beziehung hatte sich aufgelöst. Gleich in der ersten Sitzung entdeckte sie einen inneren Anteil in sich, den man früher das »innere Kind« nannte. Das ist diese kleine Stimme in uns, die sich dann meldet, wenn wir ängstlich oder traurig sind oder unter Druck geraten. Als wir uns näher mit dem Thema befassten, wurde eine strenge Stimme laut, die Lena Ruth taufte. »Sie klingt wie eine Lehrerin«, beschrieb Lena diese Stimme.

»Mach doch endlich!«, forderte Ruth beständig. »Beeil dich mal!« Weiter gab es eine gütige Stimme, die Lena mit Worten wie »Das wird schon alles …« tröstete. Diese Stimme bekam den Namen Hanna. »Es ist doch immer gut gegangen!«, versuchte Hanna zu beruhigen. Und dann gab es noch ein kleines Monster, Xono, das Lena auf Trab hielt, indem es hetzte: »Das wird doch eh nichts!« Mit der Zeit kamen noch mehr Stimmen zutage, die Lena aufmalte, und die alle einen Namen von ihr erhielten.

»Da ist ja ganz schön was in mir los!«, meinte Lena, als sie auf ihr Blatt sah. Ja, ganz schön viel Unterstützung. Denn auch wenn man das Monster in Lena betrachtet oder Ruth genauer zuhört, könnte es doch sein, dass diese – zunächst – negativen Stimmen etwas Gutes für uns wollen. Manche inneren Stimmen wissen es zuweilen nicht besser. Sie haben keine Bücher gelesen und keine Kurse besucht. »Was könnte denn Ruth Gutes wollen?«, fragte ich Lena. Erst einmal erschien ihr diese Frage seltsam. Wie kann solch eine überhebliche Besserwisserin etwas Gutes an sich haben? Doch dann, bereits nach wenigen Minuten, wusste Lena, was Ruth ihr gerne mitteilen wollte: »Ich soll mich auf den Weg machen, mehr Energie in meine Jobsuche stecken!«, fand Lena heraus. Genauer betrachtet ist das ja sehr freundlich. Und das Monster? »Ich soll mich daran erinnern, dass ich schon vieles geschafft habe. Das Monster will mich durch seine Piesackerei zum Nachdenken bringen.« Und die Kleine, die da auch noch in ihr ist? »Sie will, dass ich mich lieb habe und um mich kümmere.« Jetzt bleibt nur noch die Frage, wie das möglich wird, aber auch, was das angeht, hatte Lena gleich eine Idee: »Sie will mit mir in der Sonne sitzen, im Park, am Springbrunnen.« Nichts einfacher als das. Und danach, mit dieser Energie, konnte Lena ganz anders die Jobbörsen studieren. Sehr bald bekam sie eine sehr interessante Aufgabe und lernte dabei einen interessanten Mann kennen. Wozu die Lehrerinnen, Monster und kleinen Kinder in uns doch gut sind!

Die Arbeit mit den inneren Stimmen lässt uns Ressourcen finden. Doch dafür braucht es eine Voraussetzung: wohlwollende Neugier und einen wertschätzenden Blick. Das Wertvolle, das Ihre Stimmen bergen, können Sie nur hören, wenn Sie bereit sind, das Kraftspendende auch hören zu wollen, und mit denen, die Sie hemmen wollen, zu verhandeln. Denn Stimmen wie der innere Kritiker werden nur noch lauter, wenn man sie ignoriert. Sind Sie jedoch bereit, ihm zuzuhören, dann steigt er mit ins Boot und kann Sie bei der Umsetzung einer Idee mit voller Ruderleistung unterstützen.

Stellen Sie diese Fragen an Ihren Wunsch und an andere Stimmen, die sich melden:

»Wofür ist das gut?«

»Was erhoffst du dir davon?«

»Was ist deine Sehnsucht, die dahintersteckt?«

Manchmal kommen Wünsche zutage, die Sie schon erfüllen können, lange bevor Sie das ganz große Ziel, das Sie anstreben, erreicht haben. Eine junge Mentee aus einem anderen Mentoringprogramm gab als Wunsch an, sie wolle unbedingt Vorstandsvorsitzende werden. Ein große Idee, nur, die junge Mentee war von diesem Ziel noch meilenweit entfernt. Gemeinsam sprachen wir mit dem Wunsch, und es stellte sich heraus, dass Mora, die aus Litauen stammte, sich durch ihr Land berufen fühlte. Das, was sie anstrebte, war also nicht der Job selbst, sondern der Wunsch, ihr Land sichtbar zu machen. »Wenn es darum geht«, überlegte ich mit ihr, »dann kannst du doch schon jetzt anfangen und musst nicht all die Jahre warten, bis du auf dem Vorstandssessel sitzt!« In der Tat entspannte Mora sich sofort, denn um auf ihre Heimat hinzuweisen, konnte sie auch ein Fest initiieren, ein Buch schreiben, einen Verein unterstützen, Künstler nach Deutschland holen. Alles gut machbar und wesentlich schneller umzusetzen als der Einzug ins Vorstandsbüro! Sie war ihrem eigentlichen Ziel schneller näher gekommen als gedacht, weil sie mit ihrem Wunsch »gesprochen« hatte.

Stimmen werden leiser, wenn man sie hört, mit ihnen verhandelt, oder mit ihnen ein neues Treffen für ein Gespräch verabredet. Ihr inneres Team lässt sich nämlich nicht so einfach den Mund verbieten. Und es verkauft keine überflüssige Ware an der Tür, sondern hat eine wichtige Mitteilung, die es loswerden will. Das gilt auch für große Gefühle und bedrohliche innere Stimmen, wie zum Beispiel Angst. Ich habe in einigen Fachbüchern die Empfehlung gelesen, Ängste einfach wegzuschicken. Nach meiner Erfahrung lässt das aber die Angst – und das gilt auch für kleinere Ängste wie zum Beispiel Lampenfieber – nicht mit sich machen. Gefühle, Wünsche und Sehnsüchte wollen ernst genommen und gehört werden. Schiebt man sie zur Seite oder schickt sie ohne Verhandlung weg, dann melden sie sich wie zappelnde Kinder, die am Hosenbein hängen. »Jetzt, jetzt ich will spielen!«

Haben Sie mit »Geh weg!« je dauerhaft ein Kind vom Bein bekommen? Eben nicht. Man muss in diesem Fall den Kindern zuhören, mit ihnen sprechen und verhandeln. Ähnlich können Sie auch mit Stimmen und Gefühlen verfahren, die sich zu einer ungünstigen Zeit bei Ihnen melden. Etwa, wenn Sie Ihre Geliebte küssen oder gerade dem Mann Ihres Lebens begegnet sind. Stimmen wie »Ich bin doch nur eine Null!« stören und hemmen die Romantik. »Jetzt nicht, aber nachher, in einer Stunde will ich gerne mit dir darüber nachdenken, warum ich eine Null bin und wie ich eine Zehn werden könnte.«

Nennen Sie also Ihrem Bedürfnis einen Zeitpunkt. Als ich früher regelmäßig im Fernsehen auftrat, hatte ich zuweilen Lampenfieber. »Ich glaub' mir wird schlecht!«, dachte ich. »Jetzt nicht, später!«, sagte ich zu der Stimme in mir. »In zehn Minuten ist der Auftritt vorbei, dann darf es dir so mies gehen, wie du willst.« Was denken Sie wohl, wie es mir nach dem Auftritt ging?

Stimmen und Gefühle machen meist, was Sie ihnen sagen. Sie wollen nur sicher sein, dass Sie sie gesehen beziehungsweise gehört haben und sich später um sie kümmern. Ist das geschehen, beruhigen sie sich zumeist und warten. Lässt sich das Gefühl allerdings nicht ins Wartezimmer bugsieren, dann ist es ein wichtiges Gefühl, dem Sie tatsächlich Vorrang geben sollten. Auch vor der Geliebten und dem Mann des Lebens. Wenn diese beiden Menschen wirklich dieses Prädikat verdienen, werden sie Verständnis haben.

Sie wissen nun, dass Sie ein Team in sich tragen, das aus Erfahrungen, Weisheit und anderen Aspekten wie zum Beispiel Ihren Glaubenssätzen genährt wird. Aber: Das Team setzt sich bei jeder Frage neu zusammen! Manche Stimmen mögen sich öfter zu Wort melden, andere tauchen nur bei bestimmten Themen auf. Indem Sie in sich hineinhorchen, machen Sie sich mit den verschiedenen Wortführern vertraut. Und geht Ihnen einer zu sehr auf die Nerven ... dann schicken Sie ihn doch in Urlaub! Meine Stimme der Ängstlichkeit trinkt schon seit ein paar Monaten Campari auf den Malediven. Wenn ich sie brauchen sollte, dann fliegt sie bestimmt zu mir zurück. Meldet sie sich und lähmt mich mit ihrer Angst, dann sage ich: »Hej, wie nett, du passt auch von den Malediven aus auf mich auf. Aber: Vergiss nicht, dass du noch Urlaub hast! Ich rufe dich, wenn ich dich brauche, versprochen!« Auch die Ängstlichkeit hat ihre Berechtigung, nur ist es besser, dass ich über ihr Stimmrecht mitentscheide, denn sonst mischt sie sich bei allen möglichen Themen ein, selbst da, wo ich sie gar nicht brauche.

Das innere Team ist also hilfreich und weiß, was Ihnen guttut. Ist ihm ein Plan suspekt, dann hindert es Sie an der Umsetzung, indem es immer wieder neue Einwände hat. Manchmal ist das lästig, dann muss das Team »mitgenommen« werden, manchmal hat aber auch das Team recht, denn es hat eine gute Nase für all die Prozesse, die im Ablauf noch nicht stimmen.

Nur wirklich ausgereifte Pläne können mit Energie
umgesetzt werden.

Kathy, eine Vertriebsexpertin, bekam den Job ihres Lebens ange-
tragen. »Ich war eine von nur einer Handvoll Experten weltweit,
auf die der Job wirklich passte.« Der Vertrag, mehrfach ausge-
handelt, wurde dennoch immer wieder an neue Bedingungen
angepasst, die Kathy im Nachhinein stellte. Das Unternehmen
machte alles mit, so sehr wollte es Kathy für diesen Job. Eigentlich eine super Sache. Warum konnte Kathy keine wirkliche
Freude empfinden, warum knallten die Champagnerkorken
nicht?

Schauen wir uns Kathys Männchen an.

Wenn so viel dagegen spricht, dann ist es schlau, den super Job nicht gleich anzunehmen, sondern ihn erneut zu überdenken. Etwas passte eben noch nicht, sonst hätte sich ein Strahlen auf Kathys Gesicht gezeigt. Jedoch: Vieles, was sich warnend meldet, ist auch von hemmender Fantasie genährt. Befürchtungen, die bei genauerer Betrachtung und Nachhaken nicht der Wirklichkeit entsprechen. Sandra etwa, von der ich am Anfang des Kapitels berichtet habe, hatte eine solche Stimme in sich, die ihr vormachte, dass ihre Wunschmentorin sicher schon »vergeben« war und Sandra eine Abfuhr erhalten würde. Um das zu überprüfen gab es nur eines, Sandra musste sich erkundigen. Das tat sie auch, indem sie die Mentorin fragte. Und die antwortete ihr: »Ich habe noch eine Mentee, ja, das stimmt. Aber wo Raum für eine ist, ist auch Raum für zwei oder sogar drei.« Und Sandra war dabei!

Kommen Sie also mit den Stimmen ins Gespräch. Verhandeln Sie, wenn es um Bedingungen geht. Spüren Sie Sorgen und Ängsten nach und überprüfen Sie, ob eine Stimme eventuell für einen anderen Menschen spricht, von dem weder Sie noch Ihre Stimmen wissen, was in ihm vorgeht. Das weiß nur einer: dieser Mensch selbst, also sprechen Sie ihn direkt darauf an. Und vertrauen Sie bei einer Absage darauf, dass Meinungen sich ändern können.

Wenn Stimmen im Streit miteinander liegen, dann sind wir innerlich wie gelähmt. Wir können uns für nichts entscheiden, weil mindestens eine Stimme sofort Gegenargumente vorbringt. Erst wenn wir unsere Stimmen ernst nehmen und ihnen zuhören, wenn wir wahrnehmen, was uns die einzelnen Stimmen sagen wollen, können wir Ordnung in dieses Chaos bringen und aus der Kakofonie einen wohlklingenden Chor formen, der sich schließlich sogar nach unserem Taktstock richtet.

 Ihre Stimmen bestimmen Ihre Veränderung mit!

Aus welchen Stimmen besteht Ihr Chor?

Wählen Sie ein Thema, das Ihnen auf dem Herzen liegt und horchen Sie nun in sich hinein:

* Können Sie heraushören, wer sich in Ihnen zu Wort meldet?
* Ermutigt Sie jemand? Ja? Wie alt ist diese Stimme und wie könnte sie heißen?
* Stichelt jemand gegen eine Idee an? Was sagt die Stimme? Und wem könnte sie gehören?
* Tröstet Sie jemand? Wer und mit welchen Worten?
* Will Sie jemand schützen und bewahren? Wenn ja: wovor?
* Welche weiteren Stimmen können Sie wahrnehmen?
* Welche Namen möchten Sie den Stimmen geben? Und welche Rollen nehmen sie jeweils ein (Lehrerin, Monster, Beschützer, kleines Kind, Nörgler …)?

Fragen Sie sich jeweils:

* Wofür ist diese Stimme gut?
* Was erhofft sich die Stimme von ihrer Äußerung, ihrer Rolle?
* Wonach sehnt sich die Stimme?

Möchten Sie, wie Lena, auch ein Bild mit Ihren inneren Figuren zeichnen?

 Wenn Sie auf Ihre inneren Stimmen hören und sie ernst nehmen, wird aus dem lautem Streit ein Mut machendes Lied.

Übrigens: Auch die Mitglieder Ihres inneren Teams freuen sich über ein freundliches Dankeschön und grundlegenden Respekt.

TEIL 3

DIE UMSETZUNG

Kapitel 6

Ich will anders werden –
und ab jetzt komm ich auch dazu!

Was immer du tun kannst oder träumst
es zu können – fang damit an.
Mut hat Genie, Kraft und Zauber in sich.
Johann Wolfgang von Goethe

E s geht los. Sie haben sich entschieden? Haben Sie? Für mich heißt das: alles überlegt, abgewogen, Pausen genutzt und jetzt geht es los. Oder wie die Teilnehmerin eines Seminars das beschrieb: »Frau Weiner, ich hab über alles nachgedacht, mich entschlossen und jetzt brenne ich darauf, meine PS auf die Straße zu bringen.« Es geht in diesem Kapitel also um die Realisation. Das Navi in Ihrem Fahrzeug, das Sie in das neue Land bringen soll, braucht dafür optimale Einstellungen und ein Ziel. Veränderung funktioniert nur, wenn man weiß wohin. Das Gegenteil davon ist eine Fahrt ins Blaue, die auch sehr schön sein kann und wahrlich überraschend, aber eben nicht zielorientiert. Wenn Sie ab jetzt möchten, dass tatsächlich und nachhaltig Bewegung in Ihr Vorhaben kommt, dann sind Orientierung und ein gewisses Management sehr nützlich.

Zielorientierung und Veränderungsmanagement, diese Begriffe kennen Sie aus der Presse und aus Fachbüchern. In ihnen schwingt mit, dass es etwas zu tun gibt. Also, krempeln Sie die Ärmel hoch und bringen Sie Schwung in Ihr Leben. Oder, um im Bild von vorhin zu bleiben, werfen Sie die die Veränderungsmaschine an und nehmen Sie den Finger von der Pausetaste.

Frage: Würden Sie die Veränderung auch dann angehen wollen, wenn Sie alleine auf einer Insel leben würden?

Der tiefe Wunsch, nachhaltig etwas wirklich verändern zu wollen, der Nutzen, den man darin sieht, das Aktivieren der inneren Kräfte, die Organisation der Umsetzung und der Spaß am Wandel selbst, zählen zu den wirksamsten Erfüllungsgehilfen, die es gibt. Das ist das Brennen, das Sie jetzt vielleicht spüren oder das Jauchzen, kurz nachdem man allen Mut zusammengenommen hat und endlich vom 5-Meter-Brett in ein wunderbar blaues Wasser springt. Alle Energie kommt von Ihnen! Darüber hinaus gibt es kein Wundermittel und keine Zauber, die Ihnen Selbstengagement abnehmen. Oder besser: Ihre Aktivität in eigener Sache ist die Sicherheit dafür, dass Ihre Veränderung genau in die Richtung geht, die Sie sich wünschen. Sie sind nun an einem Punkt in Ihrem Leben angelangt, wo Sie den tiefen Wunsch verspüren, den »Hintern endlich hochzukriegen« und damit »die Komfortzone zu verlassen«.

In meinem Leben brauchte es immer mal wieder den ein oder anderen, manchmal auch unsanfte Stupser, damit ich endlich FÜHLTE, dass meine Zeit gekommen war. Der Bauch weiß meist vor dem Gehirn, wenn eine Veränderung ansteht. In alten Schriften nennt man diesen Zustand auch »einen Ruf hören«. Das kann eine kleine Veränderung sein oder, wie es bei mir schon war, der größere Dreh. Bei mir war das der Moment, in dem ich begriff, dass die Idee »Autorin« zu werden, sich nicht von alleine verwirklichen würde. Es ging nicht allein ums Schreiben, sondern vielmehr darum, nach außen zu treten und öffentlich zu werden. Dafür braucht es ein Manuskript und einen Plan und beides ist – wie langweilig ist das denn – mit Arbeit verbunden. Es war 1992, als ein damaliger Freund, Thomas, zu mir sagte: »Du kommst mir vor wie ein Sprinter in der Startposition. Der Startschuss ist längst gefallen und du läufst noch immer nicht los. Wie lange willst du noch in der Hocke bleiben und worauf wartest du eigentlich?« Es stimmte. Bis dahin hatte ich darauf gewartet, dass jemand kommt, mich an die Hand nimmt und sagt: »Komm, ich begleite dich. Du bist eine wunderbare Autorin und ich sorge für deinen Erfolg.« Niemand sorgt dafür. Vielleicht hat man Glück und trifft auf wohlgesonnene Menschen, wie meine Lektorin, die mit unendlicher Geduld mit mir an diesem Buch arbeitete, aber ich muss es schreiben. Jeden einzelnen Buchstaben, den Sie hier lesen, habe ich in kleine Laptops und große Computer »gekloppt«. Und bei diesem Buch waren es noch ein paar Tausend mehr, als Sie jetzt zwischen den Buchdeckeln haben.

* Der Weg zum Traumhaus besteht aus Backsteinen.
* Der Weg zum Traumbuch aus Buchstaben.
* Der Weg zum Traumjob aus Bewerbungen.
* Der Weg zur Traumliebe aus Worten und Gesten.
* Der Weg zum Traum-Ich aus vielen kleinen Schritten mit Versuchen, Niederlagen und Erfolgen.

Nur die wenigstens Menschen bekommen ihr Glück und ihren Erfolg »vom Himmel geschenkt«, aber auch wenn wir beide, Sie und ich, vielleicht nicht dazugehören, können wir doch viel schaffen. Der Himmel ist mit denen, die etwas wagen – heißt nicht so ein Spruch?

Im Vergleich zu anderen Menschen haben Sie nun schon eine richtig gut gefüllte Toolbox für Ihre Reise und wissen, wie man sich auf dem Weg zum Ziel behaupten kann. Egal, ob unsinnige Vergleiche, blockierende Kommentare anderer Menschen, Glaubenssätze oder innere Konzepte, welche die Veränderung erschweren: Sie wissen diese nun zu entlarven und können damit umgehen. Und, wie wunderbar, Sie wissen, dass Sie verschiedene Anteile in sich tragen. Sollte also der eine Anteil von Ihnen weiter faul auf der Couch liegen oder sich furchtsam hinter dem Sessel ducken – Sie wissen, es gibt auch einen Robin-Hood-Anteil, eine Jeanne d'Arc, einen Fürst, eine Fürstin in Ihnen und mit denen ist das Ziel zu gewinnen. Sie schaffen das, weil Sie alles bis jetzt gut durchdacht und reflektiert haben und es deshalb nun endlich losgehen kann. Und klar, auch hier gibt es noch Winkel, die beleuchtet werden wollen: wie Veränderung einen Menschen verändert und damit auch die Situation, in der er sich befindet. Es gibt ein Risiko, vielleicht sogar ein Opfer, das Sie bedenken müssen, wenn es um das neue Leben geht. »Wer ein Omelett essen will, muss ein Ei aufschlagen«, fasst das meine Freundin Regina Schneider, auch Autorin, gern zusammen. Ich werde das Thema ansprechen, keine Sorge, aber erst einmal möchte ich, dass Ihre Energie frei wird. Ein Luftballon will fliegen und nicht permanent überlegen, ob die Gefahr des Platzens oder Fehlflugs zu hoch ist. Also, fliegen Sie! Fliegen wir! Aber mit einer kleinen Route!

Der Tourenplan

Um herauszufinden, was man möchte, ist es wichtig, zwei Dinge zu wissen: Wer man ist, und wohin man will. Auch Columbus ist nicht einfach aus Jux und Dollerei losgesegelt, nein, er wollte etwas, nämlich fremde Länder erkunden und Reichtümer mitbringen. Dafür musste er eine Vision entwickeln, die gleichzeitig realisierbar war. Um etwas zu realisieren, braucht es einen Plan und der braucht das übergeordnete Ziel. Die Vision! Und die sollte Spaß machen und Ihnen den Glanz in die Augen treiben, wenn Sie nur daran denken. Sie müssen sich »die Worschd schnappe wolle«, wie Mario, der kleine Rocker, es sich sagen würde. Das ist das laute »JA!«, etwas von der Energie, wie sie damals der vierjährige Marcel zeigte, als er mit mir im Weihnachtsmärchen saß. Eigentlich noch eine Spur zu klein dafür, hatte ich ihn dennoch mitgenommen. Wir saßen auf der Treppe der Empore, das ganze Haus war voll. Unten das Publikum, ein Kessel wild gewordener Kinder. Und auf der Bühne stand der Dschungelbär und fragte ins Publikum: »Wer von euch hat Mut und kommt auf die Bühne?« Ich konnte gar nicht so schnell schauen, wie Marcel aufsprang, der kleine Körper voll freudiger Spannung, seine Hand schoss nach oben und er rief so laut, dass alle sich umdrehten: »Jaaaa!!! Ich!!!! Hier oben!!!!!«

 Jaaa!!! Ich!!! Hier oben!!!
Diese Energie muss in Ihnen spürbar sein,
wenn Sie an Ihre Vision, Ihren Traum denken.

In der Beratung versucht man dieses große Bild mit der sogenannten Wunderfrage zu entwerfen. Die Wunderfrage ist eine

So viel Strahlkraft hat meine Veränderung

→ Zeichnen Sie die Strahlen der Sonne ein

Methode der Kurzzeittherapie und wurde von Steve de Shazer (amerikanischer Psychotherapeut, 1940-2005) entwickelt. Der Zweck dieser Frage ist, die Problemzone zu verlassen und sich in das Ziel schon mal hineinzudenken, es regelrecht zu erleben. Wenn wir in Problemen denken, dann fallen uns auch nur Probleme ein. Beim zielgerichteten Denken sind wir dagegen auf Lösungen fokussiert. Und Lösungen benötigen Sie, wenn Sie sich entwickeln möchten.

Ihre Wunderfrage

Stellen Sie sich vor, Sie legen sich heute Abend ins Bett, um zu schlafen. Und während Sie ganz ruhig schlummern, kommt unbemerkt eine Fee und schenkt Ihnen das Wunder, dass ein Wunsch von Ihnen Wirklichkeit wird. Mit dem Aufwachen haben Sie eine Verwandlung vorgenommen und sind der Mensch, der Sie so gerne wären. Ohne Ihr Zutun, ohne Wenn und Aber. Der absolute Traum, die pure Erfüllung, das ganze Glück. Ich frage Sie: »Wenn Sie mit diesem Glück aufwachen, was ist anders als zuvor?«

Sie können hier wirklich in die Vollen greifen, ja Sie sollen sogar ganz frei und ohne Einschränkungen durch die Realität das Wunder formulieren, das Ihnen widerfahren könnte. Es geht um eine positive Zukunftsfantasie, die dazu anregt, das genauer zu betrachten, was Sie sich »weg« oder »besser« wünschen. Damit die Vision ein bisschen mehr Futter bekommt, nun noch ein paar Fragen, welche die Wunderfrage ergänzen:

* Wer wären Sie, Mann oder Frau?
* Was für ein Typ wären Sie, mit welchen Eigenschaften?
* Was würden Sie in sich deutlich anders spüren?
* Woran würden Ihre Kollegen erkennen, dass Sie sich verändert haben?
* Wie würde Ihre Familie, würden Ihre besten Freunde Sie jetzt, nach der Wunscherfüllung, beschreiben?

Wenn Sie sich die Wunderfrage – die ich persönlich sehr liebe! – stellen, dann geben Sie dem Wunder einen Raum. Wenn Sie sich nicht einschränken, sondern das ganze Wunder aussprechen, dann haben Sie damit Ihre Vision und wissen, wohin die Reise gehen soll. Das ist es, was Sie wollen.

 Lassen Sie sich bei der Beantwortung Ihrer Wunderfrage nicht davon beeinflussen, was andere von Ihnen wollen und halten Sie sich die Ohren zu, wenn Freunde oder Bekannte Ihren Traum vom besseren Leben abwerten, belächeln oder kritisch kommentieren. Es ist Ihr Traum, Ihre Sehnsucht, Ihr Wunsch. Hier geht es ganz allein um Sie.

Nicht jeder Traum wird Wirklichkeit, aber eine Annäherung ist immer drin. Und übrigens: Manche Träume verwirklichen sich auch genauso, wie sie vorher ausgesprochen wurden und bei vielen, vielen anderen Menschen ergibt sich aus dem Traum der Weg.

Hier sind ein paar Wünsche, die meine Klienten als Antwort auf die Wunderfrage beschrieben:

* »Wenn eine Fee käme, dann wäre ich wieder 20 Jahre alt und würde etwas anderes studieren. Architektur zum Beispiel.«

* »Wenn die Fee käme, dann hätte ich nicht mehr diese dunklen Momente. Ich wäre so heiter, dass die Menschen gerne Zeit mit mir verbringen würden.«

* »Wenn die Fee käme, dann würde ich nicht mehr lispeln und würde ernst genommen werden.«

* »Wenn die Fee käme, dann wäre ich beliebt. Ich würde in den Betriebsrat gewählt werden.«
* »Wenn die Fee käme, dann würde ich meine Vorhaben durchhalten und nicht abbrechen. Das würde sich auch bei Wanderungen zeigen.«

Vielleicht denken Sie jetzt: »Du meine Güte, wie soll man denn wie durch ein Wunder in den Betriebsrat gewählt werden? Man wird doch nicht über Nacht sympathisch und beliebt, und so ein Sprachfehler träumt sich doch auch nicht einfach weg!« Aber wenn es nicht fürs Architekturstudium reicht, dann könnte ich doch vielleicht wenigstens ein Baumhaus entwerfen und bauen? Und wenn ich nicht mehr dunkel gestimmt sein möchte, sondern heiter, kann ich beginnen, eine Liste der Dinge zu erstellen, die mich fröhlich machen. Diese Liste kann ich dann Punkt für Punkt durchgehen und mal sehen, ob das Wunder geschieht und ich glücklicher werde. Was den Sprachfehler angeht, so kann eine gute Logopädin der erste Schritt zum Wunder sein. Sich über das Wunder Gedanken zu machen, es zuzulassen, davon zu erzählen und sich Bilder auszumalen, löst nicht nur schöne Gefühle, sondern auch umsetzbare Ideen aus.

Wie Walt Disney schon gesagt hat: »Wenn du es dir vorstellen kannst, kannst du es auch erreichen.« Oder in meinen Worten: Was Sie sich NICHT vorstellen können, werden Sie nicht erreichen (wollen). Sie haben dafür nur schwache oder unattraktive innere Vorstellungen. Es gibt keine »Wurst«, hinter der Sie herspringen. Ich kann es mir beispielsweise nicht vorstellen, Seiltänzerin zu sein. Das Bild klappt nicht. Ich finde Zirkustänzerinnen zauberhaft, aber »es ist nicht meins« – also werde ich keine Energie in diesen Gedanken stecken und damit dieses Ziel nicht erreichen.

Diese Fragen machen Ihren Traum lebendig und reizvoll:

* Können Sie sich Ihren Wunsch richtig gut vorstellen?
* Was sehen Sie (bunt oder schwarz-weiß)?
* Hören Sie etwas?
* Fühlen Sie etwas?
* Gibt es einen Geruch?
* Einen Geschmack?

 Ein Wunschtraum ist eine Energie, die sich freisetzen möchte.

Und nun gilt es zu schauen, ob nicht womöglich schon hilfreiche Ansätze in Ihnen vorhanden sind, oder wie Sie sich diesen Traum erfüllen können.

»Unsere Träume können wir erst dann verwirklichen, wenn wir uns entschließen, einmal daraus zu erwachen«, soll schon Josephine Baker für sich erkannt haben. Menschen, die Erfolg haben, geben ihren Träumen eine Chance, wahr zu werden. Das verlangt aber nicht nur eine Nummer für den Lauf zu ziehen, sondern auch tatsächlich loszulaufen.

Sie werden bald feststellen, dass es keine Fee braucht, sondern dass Sie sich selbst das Wunder ermöglichen können, wenn Sie sich fragen: »An welcher Stelle kann ich heute beginnen, mein Wunder zu realisieren? Was wäre der erste Schritt?« Die Frage leitet eine Entwicklung ein, ein Wunder wird somit umsetzbar.

Von der Vision zum Ziel

Wenn Menschen anders werden wollen, dann haben sie meist eine Verhaltensänderung im Kopf oder wollen anders wirken. Eines ist so gut wie das andere und durchaus machbar. Aber, wie schon der bekannte Professor für Psychologie Arnold Lazarus und sein Kollege Dr. Allen Fay 1975 schrieben, es gibt nur zwei Wege, Fehler oder sein Verhalten zu ändern:

Indem man das Denken ändert
oder
das Verhalten.

Und am wirksamsten ist es nach meiner Erfahrung, wenn man beides miteinander kombiniert.

Wenn wir uns verändern wollen, müssen wir etwas unternehmen. Eigentlich alles ganz einfach – wenn man dranbleibt. Auch das betonen die beiden Experten mehrfach in ihrem Buch. Viele Veränderungen scheitern daran, dass sie nicht konsequent angegangen werden und deshalb der Weg nicht konsequent beschritten wird. Reflexion, neue Aspekte, Motivation helfen dabei, dass sich das verwirklicht, was Sie bereits als Gedanken, Wunsch oder Bild in sich tragen.

Ich will anders sein.
Ich will anders leben.
Ich will anders lieben.
Ich will anders arbeiten.
Ich will anders aussehen.
Ich will anders fühlen.

Ich will anders denken.
Ich will anders wahrgenommen werden.

Haben Sie eine Abmachung mit sich selbst? Weiß Ihre Seele, dass es Ihnen diesmal ernst und wichtig ist? Oder anders herum: Wissen Sie, ob Sie alle inneren Ressourcen mit im Boot haben? Das sollten Sie, denn Sie wissen es bereits aus dem Kapitel über die Glaubenssätze, wenn Ihr innerer Kompass eine andere Route plant als Ihr Kopf, wird der Kompass gewinnen. Jetzt ist noch die Zeit, den Bauch, sprich den inneren Schweinehund, für Ihr Projekt zu begeistern. Der Bauch hat ein großes Mitspracherecht, wenn es um Entwicklung geht, das heißt aber nicht, dass wir uns ihm ganz unterordnen müssen. Positive innere Filme, Lösungsgedanken und Kreativität vermögen ihn zu locken. Wenn Ihr Bauch erkennt, dass Ihre Veränderung Spaß macht und Ihnen einen Gewinn bringt, dann kann er seine Einstellung verändern. Die erfolgreiche »Verlockung« des Bauches bewirkt, dass wir für uns oder eine Sache einstehen – mit Herz und Hirn ins Anderssein.

Wie sehr wollen Sie diese Veränderung?

Der Veränderung tut es gut, immer wieder – auch sichtbar – bearbeitet zu werden. Vorher/Nachher-Überlegungen sind dabei hilfreich, aber auch eine kleine Skalierungsübung. Ein Kreuzchen zeigt Ihnen, ob Ihr Wunsch noch etwas Erfüllungsenergie benötigt, oder Sie damit bereits so gut angereichert sind, dass Sie diese Energie auch über Hürden, Warteschleifen und Stolpersteine hinwegtragen wird. Denken Sie nun an Ihren Wunsch und überlegen, wie gerne Sie ihn erfüllt haben möchten. Tragen Sie dann ein Kreuzchen auf der Skala ein. Damit haben Sie eine Momentaufnahme geschaffen, die Sie – wenn Sie möchten – weiter nutzen können.

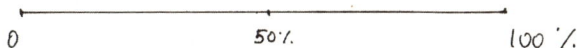

0   50 %   100 %

Auch ohne, dass wir zusammensitzen, meine ich, Ihr Kreuzchen bei etwa 70 bis 90 % zu sehen, bei manch einem sogar eines bei 100 %! Das ist gut! Wenn Sie die Veränderung wirklich wollen, dann ist Ihnen der Erfolg sicher. Und sollte es weniger sein, kein Problem, dann überlegen Sie erneut das Für und Wider. Es könnte gut sein, dass Ihr Wunsch noch ein paar Fragen und Bedenken hat, bis er sich mit voller Energie entfalten kann. Lassen Sie ihn noch mal ruhen, in »Abers« untergehen oder von »Abers« antreiben, sammeln Sie Rückmeldungen von anderen, bauen Sie sich selbst neue Glaubenssätze; was immer es auch ist: Übernehmen Sie die Führung und damit auch die Verantwortung für das, was anders werden soll. Alles ist möglich. Je nachdem, in welche Richtung Sie Energie investieren und welchen Wolf Sie füttern.

Ich fragte einmal den Schauspieler Walter Sittler, wie er Liebesszenen im Film gut spielen kann, ohne verliebt zu sein. Diese Situation ist übertragbar auf Zielverwirklichungen, für die uns immer wieder der Elan abhanden kommt, oder von denen wir noch nicht wirklich überzeugt sind. Man gibt dann eine Emotion vor, aber das ist nicht authentisch und damit nicht wirksam. »Ich muss, obwohl ich nicht verliebt bin, etwas am Gegenüber liebenswert finden. Ich muss etwas finden, das ich mag«, erklärte er mir. »Und sei es das Ohrläppchen.« Das berühmte Ohrläppchen ist für mich zu einer Metapher dafür geworden, dass ich mich bemühen muss, den Sinn, die Freude und Anziehung zu finden in dem, was ich machen möchte oder machen muss. Niemand kann mir diese Gefühle geben, ich muss sie selbst finden. Habe ich »das Ohrläppchen« für mich aber erkannt, ziehe ich mit Engagement und doppelter Freude los.

Das Ohrläppchen zu finden, ist einer der ersten Schritte in die Veränderung hinein.

Hier ist ein Ohrläppchen für Sie. Wofür können Sie sich beim Gedanken an Ihren Veränderungsplan begeistern?

Ziele setzen, Ziele planen, Ziele erreichen

In diesem Kapitel werden Sie dazu angeregt, Ihre Vision in umsetzbare Teilziele herunterzubrechen. An diesem Punkt geht es nicht mehr um Wenn und Aber, sondern um einen Plan. Etwas, an das Sie sich halten können. Umsetzungsstrategien. Fangen wir an, damit es uns nicht so ergeht, wie Seneca es so treffend vor 2000 Jahren mit seinen Worten beschrieb: »Wer seinen Hafen nicht kennt, für den ist jeder Wind der falsche.« Egal, ob Sie lossegeln wollen oder loswandern, Bewegungen jeder Art sind immer Aktivitäten, also das Gegenteil von »sich treiben lassen« oder »ich lass das mal auf mich zukommen«.

Ein Ziel wirklich erreichen zu wollen und dafür einen Ablaufplan zu haben, bedeutet, einen ganz bewussten Weg zu gehen, den Sie natürlich jederzeit überdenken und verändern können, der aber immer zielorientiert bleibt.

Nehmen wir die Vision von Birgit, einer Teilnehmerin aus einem meiner Seminare:

»Ich möchte gerne mit meinem Wissen etwas bewegen.« Wenn sie den Wunsch dann genauer betrachtet, sieht sie sich auf einer Bühne über ihre Vision sprechen. Ihr spezielles Thema dabei ist: »Vereinbarkeit von Familie und Beruf«, denn Birgit hat es geschafft. Sie hat drei Kinder, ist voll berufstätig und das, obwohl ihr Lebens- und Arbeitsort 300 km auseinander liegen. Birgit und ihr Mann haben eine gute Arbeitsteilung, beruflich und privat. Nun möchte Birgit anderen Frauen und Männern Mut machen.

Das Ziel: »Ich möchte als Rednerin zu meinem Thema eingeladen werden.«

Leider kommt niemand vorbei, der klingelt und einen abholt. Zumindest nicht am Anfang. Ein Teilziel muss her, damit der Wunsch erfüllt werden kann.

Das Teilziel: »Ich möchte mit meinem Thema bekannt werden.«

Und wie könnte dies gelingen? »Indem ich auf meiner Webseite darüber schreibe und Veröffentlichungen mache. Ich könnte auch mal bei einem Verband mein Thema anbieten.«

Prima! Damit ist was anzufangen. Das Teilziel ist das Ziel, das Birgit für den ersten großen Schrittentwurf als Überschrift nehmen kann.

Ziele sollten positiv, deutlich, überprüfbar und planbar formuliert werden, wenn sie zum Erfolg führen sollen. Der Grund dafür liegt auf der Hand: Ein Ziel muss attraktiv sein, denn warum sonst sollten wir es erreichen wollen? Damit wir einzelne Schritte planen können, müssen wir es darüber hinaus verstehen. »Ich will nicht mehr so zurückhaltend sein!« ist die Verneinung eines Zustandes, sagt aber nicht, wohin die Reise gehen soll. Was soll denn besser werden? Von was möchten Sie mehr?

Jetzt müssen Beispiele her, denn Sie wissen es bereits, wir Menschen übersetzen Sprache in Bilder. Deswegen gefallen uns Romanverfilmungen ganz selten, denn wir »haben uns das beim Lesen anders vorgestellt«. Die inneren Bilder sind uns oft nicht bewusst, aber unser Gehirn versteht mit ihrer Hilfe, um was es geht und was wir meinen. Was man sich vorstellen kann, das kann man erreichen, erinnern Sie sich an Walt Disney. Wenn Sie keine Vorstellung von etwas haben, dann haben Sie auch kein Bild und damit hat Ihr Unterbewusstes keine Landkarte. Beispiele helfen Ihnen zu überprüfen, ob Sie die Veränderung wirklich wollen oder ob Ihr Plan noch einmal durchdacht werden sollte. Zudem unterstützen positive Beispiele oder Vorstellungen, denn man kann sich etwas von anderen abschauen, oder im Geiste erproben. Ist es *so* besser oder *so* oder *so*?

Birgits Bild sieht zum Beispiel so aus: »Ich kann mich auch bei größeren Events sehen, die ich als Teilnehmerin schon kenne.« Sie denkt dabei an Messen, wie zum Beispiel in Hannover die WoMenPower.

Auch Teilziele müssen konkret sein!

Je »schwammiger« ein Ziel formuliert ist, desto schwieriger ist es zu erreichen, beziehungsweise die Zielerreichung zu überprüfen, zum Beispiel:

* Ich möchte mein Führungsverhalten verändern.
* Ich will freundlicher werden.
* Ich möchte selbstsicherer sein.
* Meine Familie soll stolz auf mich sein.

Alle vier Zielformulierungen sind Aussagen, die sehr viel offenlassen. Wie soll denn das Führungsverhalten sein? Was verstehen Sie unter freundlich und welche Verhaltensweisen meinen Sie genau in welchen Situationen?

Tja, und das Selbstbewusstsein: Wann, wo, bei wem und wie wird eine Verbesserung erkannt? Und was hat es mit dem Stolz und der Familie auf sich? Warum soll Ihre Familie stolz auf Sie sein? Wenn Ihre Familie stolz auf Sie ist … ist es dann auch etwas, auf das Sie stolz sein werden?

Finden Sie immer Ziele, die SIE wollen und die IHNEN wichtig sind.

Viele Menschen vor Ihnen haben sich mit dem Thema Zielerreichung bereits auseinandergesetzt, denn sich zu verändern, ist ein tief liegender menschlicher Wunsch. Egal, ob beruflich oder privat, der Weg der Zielerreichung ähnelt sich meistens. Im Job haben Sie vielleicht ein Gegenüber, das auf die Zielerreichung besteht und Ihre Vorgehensweise von außen beobachtet und kontrolliert. Wenn Sie selbst das Ziel vorgeben, dann müssen Sie sich selbst ein Mr oder eine Ms Kontrolletti werden und zwar im wohlwollenden Sinne. Erinnern Sie sich: Wenn Ihr Bauch sich warnend meldet, dann läuft gerade etwas schief. Ich empfehle Ihnen also, jeden Schritt, jede Etappe, mitfühlend zu überprüfen. Um die Wahrscheinlichkeit der Verwirklichung eines Ziels zu erhöhen, gibt es verschiedene Kriterien dafür, zu überprüfen, ob die Ziele sinnvoll formuliert sind. Wenn diese Kriterien angewendet werden, werden aus Wünschen oder Träumen konkrete, realistische Ziele.

Es handelt sich dabei um folgende Empfehlungen:

* Das Ziel soll mit eigener Kraft erreichbar sein. Es muss im eigenen Einflussbereich liegen. Nur dann kann man die Umsetzung selbst steuern und vorantreiben.
* Das Ziel soll sinnlich konkret beschrieben werden mit allem, was es mittels Sehen, Hören und Fühlen wahrzunehmen gibt.
* Das Ziel soll positiv formuliert sein – ohne Negation oder Vergleich. Die positive Formulierung ermöglicht ein bewusstes Hin zu etwas Neuem anstelle eines Weg von etwas Altem.
* Das Ziel soll in einen Kontext eingebunden sein. Zum Kontext gehören Kategorien wie Beruf, Freizeit, aber auch Ort, Personen und Zeitraum der Verwirklichung.
* Das Ziel soll bedacht sein. Bei jedem Ziel muss sichergestellt werden, dass seine Erfüllung keine negativen Folgen oder untragbaren Nebenwirkungen haben wird. Gegebenenfalls muss das Ziel verändert werden.
* Sie sollten regelmäßig überprüfen, wie nah Sie Ihrem Ziel schon sind. Mit der Frage: »Wie wirst du merken,

dass dein Ziel erreicht ist (dass du auf dem Weg zum Ziel bist)?«, werden Überprüfungskriterien herausgearbeitet.

Die folgenden Antwortoptionen zeigen Ihnen beispielhaft, wie Sie merken können, dass Sie Ihr Ziel erreicht haben:

»Wenn meine Frau mich mindestens dreimal am Tag anlächelt, dann weiß ich, dass meine Komplimente so formuliert sind, dass sie ankommen.«

»Wenn ich mich bei jeder Konferenz einmal melde und jede zweite Konferenz einen Vorschlag mache, dann hat sich mein Selbstbewusstsein deutlich in die Richtung verändert, die ich mir wünsche.«

Und Birgit weiß:

»Wenn ich um ein größeres Statement zu dem Thema gebeten werde, dann weiß ich, dass ich das richtige Publikum gefunden habe.«

Nun zur konkreten Planung

Sie haben eine Vision, ein Ziel, ein Teilziel und nun braucht es Schritte, die von »hier« nach »da« führen. Unter dem Begriff Strategie, früher eher militärisch verwendet, versteht man in der Wirtschaft die aufeinander abgestimmten und geplanten Maßnahmen zur Erreichung eines Ziels. Auch im persönlichen und beruflichen Leben sind Strategien äußerst hilfreich. Man betrachtet eine Situation und überlegt, wie sie sinnvoll zu verändern ist. Ziele werden gesetzt und man plant, wie diese zu erreichen sind.

Persönliche und berufliche Ziele können genauso gemanagt werden wie Projekte. Im Projektmanagement unterteilt man eine Strategie »vom Ende her« – also vom Ziel ausgehend – in viele kleine Etappenziele. Zuvor steht aber die Bestandsaufnahme, damit man das »Soll« (Ziel) mit dem »Ist« (Gegenwart) vergleichen und eruieren kann, was zwischen den beiden noch fehlt.

1. Bestandsaufnahme: Wo stehen Sie augenblicklich?

✳ Wie würden Sie Ihre momentane Situation beschreiben?

✳ Was haben Sie bisher erreicht?

✳ Welche Fähigkeiten sind für Sie dabei wichtig?

✳ Was können Sie bereits?

✳ Worin sind Sie sogar richtig gut?

2. Welches Ziel haben Sie?

✳ Notieren Sie Ihre Zielformulierung. Zur Erinnerung: Formulieren Sie Ihr Ziel positiv, deutlich, überprüfbar und planbar.

3. Projektplanung: Welche Ressourcen benötigen Sie für die Erreichung Ihres Ziels?

✳ Was brauchen Sie, um Ihr Ziel zu erreichen?

✳ Erkennen Sie Hürden oder Widersprüche?

✳ Können Sie Auskunft einholen, jemanden fragen?

✳ Ist jemand an der Umsetzung beteiligt?

✳ Wer unterstützt Sie bei der Erreichung Ihres Ziels?

✳ Wie werden Sie sich belohnen?

✳ Erkennen Sie Weiterbildungsbedarf?

✳ Wo oder von wem können Sie diese Kompetenzen erwerben?

✳ Was ist noch hilfreich?

4. Was motiviert Sie auf dem Weg?

Wie wichtig die richtige Motivation ist, zeigt das Folgende: In einer Quelle, die der *Focus* Ende 2010 veröffentlichte, gaben 59 Prozent der Befragten als Jahresmotto an, Stress abbauen zu wollen. 56 Prozent wünschten sich mehr Zeit mit der Familie, 52 Prozent wollten sich mehr bewegen, 49 Prozent mehr Zeit für sich selbst haben. Danach folgten die Vorhaben Gesundheit, Figur, Sparsamkeit, weniger Fernsehkonsum, weniger Alkohol und bei 12 Prozent fand sich am Schluss der Skala das Vorhaben, mit dem Rauchen aufhören zu wollen. 10 Prozent gaben ihre guten Vorsätze bereits innerhalb der ersten Woche auf. 20 Prozent innerhalb von ein bis drei Monaten. Doch immerhin gaben in dieser Studie 50 Prozent der Befragten an, dass sie ihre guten Vorsätze das ganze Jahr über halten.

Was macht den Unterschied? Zentral ist sicher der Wille, also sein Ziel reflektiert zu haben und wirklich erreichen zu wollen.

Aber zusätzlich braucht man noch etwas anderes und das ist: Motivation. Je genauer Sie wissen, was Sie motiviert, desto besser können Sie Unterstützung in Form von Motivation von anderen erbitten beziehungsweise sich selbst motivieren. Was ich im Übrigen für den schlaueren Weg halte, denn dann sind Sie selbstständig und damit autark. Sie müssen nicht darauf warten, dass Sie jemand motiviert, sondern Sie wissen selbst, wie Anschub möglich ist.

In der Psychologie kennt man zwei Arten der Motivation: Die *extrinsische* Motivation kommt von außen (zum Beispiel durch eine Gehaltserhöhung, ein Lob oder eine Freundin, die uns zum Joggen abholt). Die *intrinsische* Motivation steckt in uns selbst. Wir joggen dann auch alleine, weil wir Freude daran haben. Es ist die innere Freude, die Lust, sich mit etwas zu beschäftigen, etwas anzustreben, anzugehen, sich weiterzubilden, sich auf den Weg zu machen. Das kann Ehrgeiz sein, Spieltrieb, Lust an der persönlichen Weiterentwicklung, Hilfsbereitschaft und vieles mehr. Profitieren Sie dabei auch von vergangenen Erfolgen. Was können Sie aus solchen Erfahrungen für Ihr neues Projekt lernen? Es ist nicht nötig, dass Sie das Rad immer wieder neu erfinden.

Ich finde für mich gerne äußere »Anker«, die mich an ein Ziel oder an meine Selbstmotivation erinnern. Das kann ein Stern sein, den ich mir hinhänge, ein Parfum, das mich begleitet, ein Ring, mit dem ich mir etwas verspreche oder ein Bild, kurzum, der *Knoten im Taschentuch*. Sie können sich freilich auch pinkfarbene Ente ins Badezimmer stellen.

 Sprechen Sie gut von Ihrem Ziel, denn Veränderung will einen Plan und kein Problem.

Kaum ein Mensch motiviert sich für eine Veränderung, wenn diese als Problem diagnostiziert wurde. »Ich muss mich verändern, weil sonst …« – solche Gedankenketten führen eher in Sackgassen, als zum Ziel und im Wort »Problem« steckt eine bestimmte negative Energie, die wie ein Fuß auf der Bremse wirkt.

* »Ich muss abnehmen, weil mich sonst mein Mann betrügt.«
* »Ich hab ein Problem mit meinem neuen Chef.«
* »Ich muss länger am Arbeitsplatz sitzen, damit meine Gehaltserhöhung gerechtfertigt ist.«
* »Mein Problem ist, dass ich mich nicht verkaufen kann.«

Deswegen habe ich mir angewöhnt, nicht mehr von »Problemen« zu reden, sondern es wie eine Kollegin zu handhaben, die eher in »Projekten« denkt.

Bei einem Projekt können Sie vieles probieren, manche Gedanken vertiefen und andere auch wieder fallen lassen. Vieles ist denkbar und möglich. Ich sage also nicht mehr: »Ich habe ein Problem mit meinem Gewicht«, sondern ich sage: »Mein Projekt ist mein Gewicht.« Ich sage nicht mehr: »Ich habe ein Problem damit, wie ich mich verkaufe«, sondern »Mein Projekt ist meine Selbstvermarktung.« Projekte können wir in eine Rangordnung stellen oder in Teilprojekte untergliedern. Man kann damit etwas tun, ist ihnen nicht ausgeliefert, wie man es vom Problem kennt. Falls Sie aufstöhnen, weil Ihr Berufsleben voll mit Projekten ist und Sie diese Umschreibung eher in schlechte Stimmung bringt, dann nennen Sie es eben *Bastelei, Werkstück, Herzstück oder sagen Sie zu Ihrem Problem: »Das ist derzeit die Schmuseecke meines Lebens!«* Und? Fühlt sich doch gleich viel kuscheliger an, oder?

5. Ziel und Zeitmanagement

Ganz ohne den Blick auf Uhr und Kalender geht es nicht, aber wer sagt denn, dass Veränderungsmanagement auch immer gleich in Stress und Termindruck ausarten muss? Vereinbaren Sie mit sich vielleicht eher ein Date, ein Rendezvous, als einen neuen Termin. Auch hier: Wörter und Begriffe verändern. Wenn ich an einer neuen Buchidee arbeite, dann nenne ich das »häkeln« oder »basteln«. Mit diesen Worten verscheuche ich Erfolgsdruck und Ernsthaftigkeit. Wenn das Projekt etwas wird, dann bleibe ich dabei. Sobald Sie wissen, wann Sie Ihre Teilziele erreicht haben wollen, tun Sie schon den ersten Schritt. Machen Sie es sich leicht. Verwandeln Sie Ihre Veränderung in ein Vergnügen ohne Druck! Und das erreichen Sie schon zu einem großen Teil dadurch, dass Sie Ihre Bestzeit kennen. Wann ist die? Morgens, nachmittags, nachts? Unter der Woche oder am Wochenende? Es ist viel schwerer, dann etwas zu üben oder umzusetzen, wenn die innere Uhr dagegen tickt. Ich selbst gehe aus diesem Grund lieber sehr spät am Abend schwimmen. Das passt für mich am besten. Dann halte ich es durch, regelmäßig zu gehen.

Auch Sie haben nur 24 Stunden. Wenn Sie ab jetzt mehr Zeit für etwas haben möchten, dann müssen Sie an anderer Stelle Zeit einsparen beziehungsweise zurückgewinnen. Das kann gelingen, indem Sie:

Gespräche einschränken, die sich entweder inhaltlich ständig wiederholen oder in Details verlieren,

im Auto nicht aus Langeweile telefonieren und dämliche Sendungen anhören, sondern gezielt Musik oder Hörbücher mitnehmen,

Pausen und Lerneinheiten definieren, wie zum Beispiel: »Jetzt will ich 20 Minuten in einem englischen Buch lesen« oder »Ich denke jetzt 5 Minuten über meine Pläne und Ziele nach«,

delegieren, wenn Sie wissen, dass Ihre Bügelfrau zehnmal besser, schneller und lieber als Sie bügelt,

sich bereits beim Vorbereiten innerlich sammeln und auf das Projekt oder die Übungsstunde einstimmen.

6. Machen Sie aus Ihrem Projekt ein Jahresmotto

Vorsätze und Ziele, die das Verhalten komplett und dauerhaft verändern sollen, sind schwer durchzuhalten. Wenn Sie sich vornehmen: »Ich werde mich von nun an geselliger zeigen!«, aber lieber schweigend in einer Ecke sitzen, macht Sie allein der Vorsatz nicht zu einer Stimmungskanone. Veränderung ist keine Verpflichtung, sondern ein Genuss. Es ist ein Spiel! Es ging nicht darum, etwas »loszuwerden«, »abzuschaffen« oder »umzuändern«, sondern zu erweitern, zu verbessern und anzureichern. Wenn wir unser Verhalten mit neuen Aspekten schmücken, gewinnen wir etwas dazu.

Das gelegentliche Einüben eines neuen Verhaltens oder das langsame Heranpirschen an ein Ziel, ist viel nachhaltiger im Erfolg, als der schnelle Gewinn, denn wir gehen dann mit der natürlichen Veränderung mit und provozieren nicht den schnellen Coup.

Vor einiger Zeit habe ich deshalb damit begonnen, mir zu Jahresbeginn eine Losung für die kommenden 12 Monate zu suchen. Schon im November fing ich an zu überlegen, was mir im nächsten Jahr besonders wichtig sein sollte. Es handelt sich dabei immer um ein mir ungewohntes Verhalten. Mein erstes Jahr stand unter dem Motto: »Ich möchte mich ein Jahr nur mit Menschen privat verabreden, die ich auch wirklich treffen will.« Im zweiten Jahr übte ich »Luxus!«, für mich eine Herausforderung, da ich sehr stark vom Sparsamkeitsdiktat meiner Familie geprägt bin, die infolge ihrer Flüchtlingsgeschichte immer sehr aufs Geld schauen musste und einen soliden, praktischen Lebensstil pflegte. In darauffolgenden Jahren lauteten meine Jahresmottos: »Jetzt sind mal andere dran – nicht jeden Auftrag annehmen«, »Das Glück finden« oder im letzten Jahr: »Keiner hält mich auf, schon gar nicht ich mich selbst« (Die zweite Hälfte hat, wohlgemerkt, ein weit größeres Gewicht als die erste! Denn wie oft blockieren wir uns in der Umsetzung von Plänen selbst viel mehr, als andere das tun!).

Ich wähle mir für ein Jahr ganz bewusst Situationen und/oder Zeiten aus, in denen ich das neue Verhalten einüben möchte. Zum Beispiel das Luxus-Jahr: Ich beschloss, mir jeden ersten Mittwoch im Monat etwas zu schenken, das wesentlich teurer war, als ich sonst bereit war, für ein Produkt auszugeben. Das Produkt durfte keine B-Ware sein und nicht preisreduziert. Das konnte die Schokolade für fünf Euro sein (»Fünf Euro? Sind die noch normal? Und waaaas? Nur 80 Gramm?«), ein Paar teure Strümpfe, eine Handtasche oder ein Erste-Klasse-Ticket bei der

Bahn. Wichtig war, mir etwas zu gönnen, das »über meine gewohnten Verhältnisse« ging. Ich merkte das, indem mein Körper mit einem schrillen inneren Aufschrei darauf reagierte: »Was? Was soll das kosten? Sind die denn völlig übergeschnappt?« Wenn dieser innere Aufruhr kam, dann wusste ich, dass ich mich für mein besonderes Training gerade in der absolut richtigen Situation befinde.

Sie können aber auch Gelassenheit üben (»Jeden Montagvormittag werde ich nachsichtig sein!«) oder sich ein paar Macken zulegen (»Jeden Sonntag bin ich zwei Stunden lang anspruchsvoll!). Wichtig ist nur, dass Sie die Zeiten festlegen, damit Sie die Veränderung bemerken können, denn nur bewusste Veränderungen bleiben aktiv erhalten und nur so können Sie Veränderungen registrieren. Auch hierfür können Sie gut eine Skala nutzen.

Im letzten Jahr, als ich mir das Jahresmotto »Keiner hält mich auf, schon gar nicht ich mich selbst« gesetzt hatte, habe ich mir Karrierestufen vorgenommen, die mich bisher eher geschreckt haben. Ich habe in mich hineingespürt und so herausgefunden, wann und wie ich mich selber einenge, aufhalte und blockiere. Dann gab ich mir jedes Mal einen bewussten Energieschub und sagte mir mein Motto wieder laut vor: »Keiner hält mich auf, nicht mal ich selbst!« Es hat sich für mich ausgezahlt, dass ich mir selbst Mut zugesprochen und mir bestätigt habe, dass ich es wagen kann, Neuland zu betreten.

Das bewusste Einlegen von Übungsstunden unterstützt Sie darin, Routine im Neuen zu entwickeln. Und am Ende eines Jahres – um bei meiner Jahreslosungsmethode zu bleiben – stellen Sie unter Umständen stolz und glücklich fest, wie anders gut Sie in den letzten 12 Monaten geworden sind.

7. Von früheren Erfolgen profitieren

Erfolg ist wie ein Strickmuster, eine innere Haltung, eine Strategie, die man verfolgt. Jeder Mensch neigt dazu, seine Erfolge immer nach demselben Muster aufzubauen. Es handelt sich um eine Art individuelles Rezept. Fast könnte man allerdings von Erfolgsgeheimnissen sprechen, denn den meisten Menschen sind sie nicht einmal selbst bekannt. Oder können Sie sofort abrufen, wie Ihr persönlicher Erfolgsweg ist? Um dieses Muster zu erkennen, ist es äußerst hilfreich, sich an das allererste Erfolgserlebnis zu erinnern. Wann war Ihr erster Erfolg im Leben?

Mein erstes Erfolgserlebnis hatte ich Mitte der sechziger Jahre. Ich muss etwa drei oder vier Jahre alt gewesen sein. Meine Eltern hatten damals ein kleines Hotel in Königstein. Gutbürgerliche Küche, gutbürgerliche Zimmer, gutbürgerliches Essen. Gegen 13.00 Uhr gab's Mittagstisch. Ich ging allein vom Kindergarten nach Hause. Ich habe das damals sehr genossen und kann diese Stimmung noch heute in mir fühlen: allein zu gehen, keiner zieht und zerrt an dir, jeder Schritt im eigenen Tempo, und Umwege sind erlaubt. Ich liebte schon damals diese Selbstständigkeit und die Freiheit, Orte zu erkunden.

Neben unserem Hotel war eine Kohlenhandlung. Auch dort war Mittagszeit und weit und breit niemand zu sehen. Hinter der großen Scheunentür, das hatte ich bereits erkundet, waren Kohleberge. Eierkohle, Stück für Stück, zu großen Bergen aufgehäuft. Mein Ziel war es, den größten Kohleberg zu besteigen und ich wartete auf den Tag und den Moment. An diesem Sommertag war es endlich so weit. Ich fühlte mich stark und mutig, um mit meiner Besteigung zu beginnen. Niemand bemerkte mich und vermissen würde man mich erst später. Ich öffnete die

Scheunentür und schlüpfte in die Scheunenhalle. Da waren sie! Meine Kohleberge! Groß, dunkel und geheimnisvoll. Dann ging es los. Und es war schwer! Ich tat ein paar Schritte nach oben und rutschte wieder ab. Die Eierkohlestückchen kullerten, ich verlor das Gleichgewicht, fand es wieder, tat einen neuen Schritt, rutsche wieder ab, wurde schmutzig, atemlos, der Staub flirrte im Sonnenlicht, ich schnaufte, kämpfte, kam dem Ziel immer näher und erreichte es ohne Sauerstoffmaske und Basislager. Ein Rauf und Runter, ein Rutschen und Mühen. Aber: Ich hatte den Gipfel erklommen! Und da stand ich nun. Stolz, schmutzig, glücklich. Mit roten Wangen und leuchtenden Augen genoss ich meinen Sieg. Ganz allein und nur mit mir. Durch die Ritzen des Scheunentors konnte ich nach draußen, auf die Straße sehen. In der mittäglichen Sonne gingen die Menschen spazieren und ahnten nicht, dass nur wenige Meter von ihnen entfernt eine Heldin geboren worden war!

Was für eine Geschichte – ich könnte ganz rührselig werden. Allerdings, unter dem Erfolgsneonlicht betrachtet, sieht mein Muster nicht mehr ganz so lustig aus.

Die einzelnen Zutaten meines Erfolgs:

* Ich gehe allein.
* Ich suche mir ständig neue Kohleberge.
* Ich falle.
* Ich stehe auf.
* Ich motiviere mich allein.
* Ich brauche kein Lob.
* Ich kann mich selbst begeistern und alleine freuen.
* Die Berge sind mühsam.
* Und dieser Kohlenstaub …

Als ich das erkannte, fragte ich mich verblüfft: Kann ich Ziele nicht auch einfacher erreichen? »Wie du das gemacht hast, ist ja vielleicht interessant!«, meinte meine Freundin Margit Schönberger, die auch Autorin und Literaturagentin ist. Sie nippte genüsslich an ihrem Wein. »Für mich wäre das zu anstrengend gewesen. Mein erstes Erfolgserlebnis hatte ich auch als kleines Kind. Meine Großeltern hatten einen Hof. Eines Tages setzte mich mein Großvater auf den Rücken des Ackergauls und führte mich über den Hof. Ich fühlte mich wie eine Königin! Als könnte ich alles schaffen. Dabei hatte ich gar nichts selbst geschafft. Nicht mal auf das Pferd war ich allein hochgekommen! Mein erstes Erfolgserlebnis kam einfach auf mich zu. Es wurde mir geschenkt. Und so ist es geblieben. Der Erfolg kommt, und ich setzte mich auf seinen breiten Rücken.«

Wie bitte? So leicht konnte man sich also auch eine Strategie entwerfen. So wie ich an die mühsamen Kohleberge glaubte, vertraute Margit auf den breiten Rücken des Erfolgs. Und es funktionierte! Bei ihr wie bei mir. Nur, dass ich die Atemlosere von uns beiden war. Gleich an diesem Abend fütterte ich mich mit neuen Bildern. Denke ich nun an Erfolg, dann beschwöre ich nicht mehr meine Kohleberge herauf, sondern sehe, wie

Margit und ich stolz auf dem breiten Rücken eines Ackergauls sitzen.

Wann haben Sie zum ersten Mal jenes Gefühl gespürt, das ich auf dem Kohleberg erlebt habe? Was würden Sie noch heute mit einem lauten »Yes!« oder »Jawoll!« kommentieren? Spazieren Sie in Ihrem Leben zurück. Ein Jahr weiter und noch ein paar Monate und noch ein paar Tage zurück. Gehen Sie wirklich sehr weit in Ihre Kindheit zurück. Wenn Sie sich an Erlebnisse aus der Pubertät erinnern, erkunden Sie, ob es vor diesem Zeitpunkt noch ein weiteres Erfolgserlebnis gab. Wann war das erste Mal? Und vor allem: Wie war es?

Schauen Sie sich die Bilder an, und zerlegen Sie diese in ihre Einzelteile. Welche Art der Motivation brauchten Sie dabei? Musste eventuell jemand dabei sein? Sind Sie eher ein Einzelkämpfer oder siegen Sie am liebsten mit einem Team? Darf Ihnen etwas geschenkt werden oder müssen Sie sich plagen?

Spüren Sie in sich hinein und betrachten Sie die Bilder. Haben Sie etwas entdeckt? Dann malen oder schreiben Sie diese Geschichte auf. Sie haben nun ein oder das Grundmuster Ihres Erfolgs.

Gefällt Ihnen Ihr Erfolgsmuster? Oder ist ab jetzt etwas Neues dran? Erfolgsmuster lassen sich verändern! Doch erst, wenn Sie das Rezept Ihres Erfolgs durchschauen, können Sie es ändern, variieren oder – wie bei Margit – so lassen, wie es ist. Denn immerhin: Es führte schließlich zum Erfolg. So gesehen ist eine Menge Gutes an Ihrem bisherigen Rezept. Vielleicht können einzelne Teile erhalten und die übrigen zu einem neuen Rezept zusammengefügt werden? Dies entscheiden Sie, denn Sie sind die Herrin oder der Herr über Ihr Leben und damit auch über Ihren Erfolg.

8. Fehlt noch etwas?

Fällt Ihnen noch etwas ein, das Sie unbedingt brauchen, um Ihr Ziel zu erreichen? Dann coachen Sie sich genau an dieser Stelle selbst! Sie sind der Experte oder die Expertin in Ihrem Leben! Keiner weiß so gut wie Sie, was Sie benötigen, um ein Vorhaben auch wirklich umzusetzen, also befragen Sie sich und fühlen Sie nach, was zu Ihrem Glück in dieser Sache noch fehlt. Es ist sicherlich wichtig, sonst hätte Ihr Bauch keine Irritation signalisiert.

9. Haben Sie mit sich und Ihrem Ziel Geduld!

Damit Ziele erreicht werden können und Verhalten sich ändert, braucht es Zeit. Neues Verhalten muss wachsen können, Gewohnheit werden. Wichtig ist, dass Sie sich bis dahin immer wieder an Ihren Plan erinnern – nicht mit zu viel Druck und nicht mit zu wenig. Versuchen Sie Ihr individuelles Maß an Selbstkontrolle zu finden, so, dass Sie das Ziel nicht vergessen, aber sich auch nicht den Spaß verderben.

Auch Birgit brauchte Geduld. Man wird nicht von jetzt auf gleich eine gebuchte Speakerin. Für ihren ersten Bühnenauftritt musste sie sich selbst bewerben, es handelte sich um eine Veranstaltung eines großen Frauennetzwerkes. Im Publikum saßen aber viele Frauen, die in verschieden großen Unternehmen arbeiteten und die Birgit den Unternehmen hinterher empfahlen. Bald wurde Birgit auch als authentischer Interviewgast bekannt, denn sie sprach nicht »über eine Sache«, sondern nahm die Zuhörer in ihr Leben mit. Da ihr so viel an diesen Auftritten lag, sie darin einen Wert sah und sich an den vielen Rückmeldungen erfreute, trainierte sie ihre Bühnenpräsenz, damit sie über die Inhalte hinaus erinnert wurde.

10. Ganz wichtig: Verpassen Sie Ihren Zieleinlauf nicht!

Nicht, dass Sie vor lauter Freude an Ihrem Plan einem Ziel hinterherlaufen, das Sie bereits erreicht haben. Dann lieber: Auf ein Neues! Auch hier hilft Ihnen die Skala sehr gut, wenn Sie sie als Zielerreichungsweg benutzen.

Kapitel 7

Mangelt es Ihnen an Begleitung?

Wir möchten etwas so sehr, es ist geklärt, der Weg aufgeschrieben, aufgezeichnet und eigentlich ganz leicht und dennoch tritt wieder Stillstand ein. Pausen sind sinnvoll, denn sie bieten die Möglichkeit zu überdenken, ob man doch etwas vergessen hat. Wenn ein Weg unterbrochen wird, kann es an Wissen, Sinn oder Motivation mangeln. Nichts passiert ohne Grund, deswegen unterstützen Sie sich in diesem Fall, wenn Sie sich neugierig befragen: »An was hängt es?«, »Was bringt neue Energie?«

Auch das kann eine Art Wunderfrage sein. Es geht nicht immer um die ganz große Nummer, manchmal sind es kleine Lücken und Hürden, die geschlossen oder genommen sein wollen. Oft erzählen mir meine Klienten, dass sie eher eine Veränderung angehen würden, wenn sie jemanden an ihrer Seite wüssten. Ich kann dieses Bedürfnis gut verstehen. Zu zweit oder in einer Gruppe fällt Bewegung leichter. Genau aus dem Grund gibt es Vereine, Gruppen und Initiativen. Menschen machen gemeinsam Sport, hören in Gruppen zu rauchen auf oder setzen sich mit ihrem Alkoholproblem auseinander. Menschen, die gemeinsam ein Ziel verfolgen, unterstützen sich, um auf dem Weg zu bleiben.

Es gibt aber noch andere Möglichkeiten, gemeinsam mit anderen Menschen ein Ziel zu verfolgen, auch wenn dieses Ziel individuell ist. In meiner Arbeit ist Best Practice und Mentoring ein Schwerpunkt. Beide Methoden haben den Ansatz, von einem anderen Menschen oder von anderen Ideen zu profitieren. Jemanden zu finden, der sich in einem Thema aufgrund von Erfahrung etwas besser auskennt als wir selbst. Es gibt verschiedene Möglichkeiten, einen Mentor oder eine Mentorin zu finden.

Mentoring, wie geht das?

Kinder wissen unbewusst, dass sie andere Menschen beobachten und viel probieren müssen, um zu wachsen und zu lernen. Auch später lernen wir von Vorbildern und sind wiederum für jemand anders ein Vorbild. Manchmal ein gutes, manchmal nicht.

Vielleicht sind Sie jetzt an dem Punkt, diesen Schritt ganz bewusst zu tun, indem Sie nicht mehr warten, bis Ihnen das Schicksal ein Vorbild ins Leben spült, sondern indem Sie sich selbst auf den Weg machen, um einen Mentor oder eine Mentorin zu finden. Und möglicherweise haben Sie zu Beginn dieses Prozesses bereits eine vage Vorstellung, wer dieser Mensch sein könnte, zum Beispiel eine Vorgesetzte, ein Kollege oder eine Unternehmerin. Sie können aber auch ganz alleine losziehen, um Unterstützung für Ihren Weg in Form eines Mentors oder einer Mentorin zu finden.

Es gibt Datenbanken, in denen Menschen registriert sind, die ihre Erfahrung gerne weitergeben. Zum Beispiel bei den Business Angels. Sie können sich aber auch an ein Frauennetzwerk wenden, oder an Vereine, die ihre Aufgabe darin sehen, den Gedanken des Mentorings zu vermitteln, wie zum Beispiel die Käte Ahlmann Stiftung. Auch die Bundesregierung bietet solche Programme an. Allerdings, was Sie auf jeden Fall wissen müssen ist, »wofür« Sie gerne die Unterstützung hätten. Sie kommen um die Zielformulierung und eine Bedarfsanalyse also nicht herum. Überlegen Sie außerdem:

* Wie erreichen Sie diesen besonderen Menschen?
* Wer könnte Ihnen eine Tür öffnen?
* Wie wird Ihre Anfrage an diesen Mentor, die Mentorin klingen?
* Und, ganz wichtig: Welche Fragen würden Sie gern einem Mentor oder einer Mentorin stellen?

Das Lernen von Vorbildern, wie schon mehrfach angesprochen, ist ein sehr interessantes Fachgebiet. Man kann viel von anderen Menschen lernen, wenn man den Blick schult und weiß, was man lernen will. In der Regel treffen sich Mentee und Mentor/Mentorin über einen Zeitraum von einem Jahr alle vier bis sechs Wochen. Ich liebe Mentoringprogramme und werde von Unternehmen als externe Beraterin oft angefragt. Auch im privaten Bereich habe ich eine kleine Gruppe von jungen Grafikerinnen, die ich als Mentorin begleite. Ich gebe mein Wissen weiter und es ist wunderschön für mich, diese jungen Frauen – die mich so inspirieren – in meiner Nähe haben zu dürfen.

Sich mit einem anderen Menschen oder einer Gruppe auf den Veränderungsweg zu begeben, kann eine wirkliche Unterstützung sein. Besonders dann, wenn Sie vom Typ her lieber »gemeinsame Sache«, als etwas für sich alleine machen. Sie finden diese Menschen bei Seminaren, Weiterbildungen, Schulungen, Selbsthilfegruppen und Initiativen. Viele möchten sich gerne vernetzen, um Projekte, Aufgaben und Veränderungen nicht im Alleingang zu beschreiten. Nutzen Sie diesen großen Bedarf und strecken Sie auch hier den Finger. »Wer will mitmachen?«

»Ich!!! Hier oben!!!!«

Außerdem feiern sich Erfolge besser, wenn man sie gemeinsam zelebriert. Allein das ist schon für mich ein Grund, gemeinsam statt allein etwas zu wagen.

Gemeinsam – im Tandem oder in der Gruppe zum Erfolg.

Kapitel 8

Bekommt Ihr Schweinehund das richtige Futter?

Wenn Sie sich zu bestimmten Veränderungen und Zielen nicht aufraffen können, oder immer wieder über Hürden stolpern, dann liegt es vielleicht gar nicht an mangelnder Gemeinschaft oder zu viel Bequemlichkeit, sondern daran, dass Sie Ihrem Schweinehund die falsche Wurst hinhalten. Vielleicht schmeckt die ihm beziehungsweise Ihnen nicht. Menschen lernen und motivieren sich über ihre Sinne. Peilen Sie an Ihrem bevorzugten Sinn vorbei, dann wird Ihre Idee Sie nicht erreichen, obwohl sie von Ihnen höchstpersönlich kommt. Um ein Ziel, eine Veränderung zu realisieren, braucht es nicht nur eine Vision, eine Definition, Teilziele und Schritte, sondern Genuss, und der transportiert sich über die Sinne, die wir haben.

Wir Menschen nehmen die Welt mit fünf Sinnen wahr:

* dem Sehsinn, über die Augen (visuell)
* dem Hörsinn, mit den Ohren (akustisch)
* dem Tastsinn, über die Haut (kinästhetisch / haptisch)
* dem Geruchssinn, über die Nase (olfaktorisch)
* dem Geschmackssinn, über Mund und Zunge (gustatorisch)

So Sie gesund sind, werden auch Sie mit allen Sinnen kommunizieren und agieren. Dennoch räumen die meisten Menschen einem oder zwei Sinnen eine Art Vorzugsbehandlung ein.

Ich zum Beispiel bin ein akustischer Typ. Das heißt, selbst wenn ich noch so übersichtlich beschriebene Flipchart-Blätter oder Mindmaps sehe, dann helfen die mir kaum weiter, das Gelernte dauerhaft aufzunehmen. Ich brauche das gesprochene Wort und muss den Lernstoff innerlich hören. Ich kommuniziere am liebsten akustisch, das heißt: Rufen Sie mich an, aber schreiben Sie mir besser keine SMS oder E-Mail. Oft »überlese« ich wichtige Informationen. Bei einer Freundin von mir kommt Gelerntes nur verfestigt an, wenn sie dazu eine schöne Tasse Tee, Kaffee oder Kakao trinken kann. Sie ist ein »Geschmacksnerv-Typ«. Und andere wieder brauchen das geschriebene Wort und dazu ein sie ansprechendes Ambiente. Vielleicht ein besonders gemütlicher Sessel, in dem sie in ein stilvolles Notizbuch schreiben …

Petra, eine Frau aus einem Seminar, war auf sich stinksauer. Es war November und sie hatte ihren Vorsatz »mehr Sport zu treiben« nun bereits fast elf Monate ignoriert. »Ich fahre gerne Fahrrad«, sagte sie, »also habe ich mir so ein hochmodernes Teil fürs Wohnzimmer gekauft. Ich dachte, wenn ich fernsehe, dann kann ich mich dazu doch auch prima bewegen. Tu ich aber nicht. Der Hometrainer ist so gut wie unbenutzt und macht mir schlechte Laune, wenn ich ihn sehe.«

Fahrrad fahren ist eben nicht gleich Fahrrad fahren. Gemeinsam finden Petra und ich ihre bevorzugten Sinne heraus. »Ich rieche gerne und ich taste viel«, stellt Petra bei dieser Übung fest. Der Hometrainer spricht aber diese Sinne gar nicht an. Petra braucht Natur, einen Waldboden unter dem Rad und sie will beim Sport Blumen, Bäume und Früchte riechen. All das ist beim Hometraining aber nicht geboten. Folglich ist es sinnvoller, im Frühling, Sommer, Herbst tatsächlich Rad zu fahren und im Winter auf eine andere Sportart umzusteigen. Fürs Erste, denn wie Sie bald erfahren werden, ist das sportlichste Ziel von allen, jeden Sinn fit und zugänglich zu machen.

Sicher überlegen Sie auch schon, welcher Sinn bei Ihnen im Vordergrund steht. Eine bewährte Möglichkeit, dies herauszufinden, ist es, dem Aufwachen am Morgen nachzuspüren, also zu betrachten, wie Sie Ihren Tag beginnen:

Sind Sie ein Schnellstarter, der es sofort nach dem Aufwachen geräuschvoll mag? Lassen Sie sich vom Radiowecker wecken und hören Sie gern den Stimmen und der Musik Ihres bevorzugten Radioprogramms zu? Singen Sie vielleicht sogar unter der Dusche? Lieben Sie das typische Rumoren Ihrer Kaffeemaschine und haben Sie es gern, schon morgens mit den Menschen um sie herum zu plaudern? Na, dann sind Sie wohl ein grundsätzlich *akustischer Typ*!

Sätze, die beim akustischen Typ gerne fallen:
* »Schau mal, was ich dir zeige!«, anstatt wie der visuelle Typ einfach nur zu zeigen.
* »Das klingt gut!« für »Eine gute Idee!«
* »Kannst du mir mal erklären, wie das geht?«, obwohl die Gebrauchsanweisung gedruckt daliegt.

Oder brauchen Sie gleich nach dem Aufwachen Schönes fürs Auge? Die Farbe Ihrer Bettwäsche, Ihrer Handtücher, Ihres Frühstücksgeschirrs macht Ihnen gleich zu Beginn des Tages Freude, und selbst am satten Dunkelrot Ihrer Konfitüre können Sie sich kaum sattsehen. Natürlich wählen Sie auch Ihre Garde-

robe nach genau den Tönen aus, die zu Ihrer heutigen Tagesform passen, und so schaffen Sie es, Ihr Gemüt positiv zu beeinflussen. Wichtig ist Ihnen auch, dass immer frische Blumen in
für Sie ansprechenden Farben um Sie herum sind. Wenn das
alles auf Sie zutrifft, dann sind Sie der *visuelle Typ.*

Sätze, die beim visuellen Typ gerne fallen:
* »Bei mir sieht es so aus …«, wenn etwas erklärt werden soll.
* »Zeig mir mal, wo es langgeht« – anstatt es verbal zu erklären.
* »Wenn ich nicht geschminkt bin, fühle ich mich wie nackt.«

Auch Sie lieben Blumen, aber nur, wenn sie gut duften? Der Kaffee ist nicht wegen seines Geschmacks oder des Koffeinanteils
Ihr morgendliches Lebenselixier, sondern wegen seines herrli-
chen Aromas, das Ihnen morgens in die Nase steigt? Ihr Bad ist
wahrscheinlich eine Sammelstelle von feinen Parfums, und bestimmte Düfte und Gerüche schaffen es regelmäßig, Sie an ganz
bestimmte Situationen zu erinnern oder auch Ihre Laune deutlich zu verändern. Klarer Fall: Sie sind ein *olfaktorischer, also*
»Riech«-Typ.

Sätze, die beim olfaktorischen Typ gerne fallen:
* »Das riecht nach Ärger!«, orakelt er gerne.
* »Das stinkt mir!«, sagt er für: »Keinen Bock.«
* »Bei denen war dicke Luft!« anstelle von »Die hatten eine
  Diskussion!«

»Weihnachten ist für mich Zimtduft« statt: Weihnachten ist für
mich »der leuchtende Weihnachtsbaum«, »Schnee, der leise
fällt«, »eine zärtliche Umarmung«, »Braten«.

Damit wären wir beim nächsten Sinn, dem gustatorischen. Wenn Sie zu diesem Typ gehören, dann geht für Sie nichts über das herrliche Gefühl, wenn die verschiedensten Aromastoffe auf Ihrer Zunge ein wahres Fest feiern. Frische Brötchen, Schinken, Honig, Ei und ein besonderer Kaffee. Schon der Morgen beginnt mit einer ausgewählten Leckerei, deswegen kann der Tag nur prima werden. Überhaupt, der Genussmensch weiß ganz klar, wo es gute Sachen zu essen und zu trinken gibt und meist hat er davon reichlich daheim und in seinen Büroschubladen. Mit ihm führt man nicht einfach ein Gespräch, sondern er oder sie sagt: »Lass uns was essen gehen, dann sprechen wir dabei.« *Dabei!* Bei mir wäre es genau andersherum. Aber beim klassischen *gustatorischen Typ* steht der Genuss an erster Stelle. Einfach nur wandern gehen? Hej, wo ist das tolle Wirtshaus, das leckere Picknick, der Weinkeller als Ziel?

Sätze, die beim gustatorischen Typ gerne fallen:
* »Darauf trinken wir einen! «
* »Das schmeckt mir nicht« für »Das gefällt mir nicht.«
* »Die ist giftig!« Das verstehen Sie sicher.

Und sollten Sie sich nach dem Weckerklingeln am liebsten noch ein- bis dreimal umdrehen und sich mit Behagen in die Kissen kuscheln, wenn Sie Ihre Bettwäsche und Handtücher nach Stoffart und Weichheit auswählen und wenn es Ihnen bei Duschgel und Hautlotion weniger auf den Duft, sondern eher auf die Konsistenz ankommt – ja, dann gehören Sie mit ziemlicher Sicherheit zu den *kinästhetischen/haptischen Typen*. Das heißt, Sie nehmen Ihre Umgebung vorrangig über die Haut und Tastgefühle wahr.

Sätze, die beim haptischen Typ gerne fallen:

* »Das fühlt sich nicht gut an.« für »So ein Mist!«
* »Die Hose hat einen super Stoff.«
* »Ach, was bist du zart!« anstatt »Du bist aber sensibel.«

Und? Was sind Sie für einer oder eine? Und Ihr Partner oder Ihre Partnerin?

Vieles kann sich ändern, wenn Sie wissen, welcher Typ Sie sind. Sie werden dann vielleicht nicht mehr, wie ich, Ihren Mann in Grund und Boden reden, sondern einfach ohne viele Worte küssen, weil er das einfach besser versteht als 1000 Worte.

Für Ihre Veränderung heißt das, dass Sie es sich wesentlich leichter machen, wenn Sie für die verschiedenen Etappen zu Ihrem Ziel Ihre persönlichen Sinnesfavoriten berücksichtigen. Nutzen Sie Ihren Lieblingssinn, um die für Sie optimale Lernumgebung zu schaffen, Lernpausen zu nutzen, und sich zu motivieren:

* Hörbücher, schöne Musik für den akustischen Typ.
* Ansprechende Farben, schöne Bilder und Skizzen für den visuellen Typ.
* Belebende Düfte, wohlriechendes Papier für den olfaktorischen Typ.
* Kleine Genusshappen als Belohnung für den gustatorischen Typ.
* Angenehme Stifte, ein bequemer, kuscheliger Sitz für den haptischen Typ.

Training der Sinne

Generell wäre es doch ausgesprochen schade, wenn wir nur einen oder zwei unserer so vielfältigen Sinne wirklich nutzen würden, oder? Es ist wichtig, seine bevorzugten Sinne zu kennen und diese einzusetzen, aber meine Empfehlung ist: Schicken Sie Ihre anderen Sinne ins Fitnesstraining.

Das können Sie tun, indem Sie immer häufiger die anderen Sinne einsetzen oder registrieren, wie andere Menschen »ticken« (um das zu beschreiben wähle ich, die Akustikerin, natürlich ein Geräusch). Wenn Sie eher visuell veranlagt sind, dann ist es vielleicht an der Zeit, öfter mal zu berühren oder zu schmecken oder zu riechen. Wenn Sie demnächst shoppen gehen, schauen Sie sich das Kleid, das Ihren Augen schmeichelt, nicht einfach nur an. Lassen Sie den Stoff durch Ihre Finger gleiten und betrachten Sie sich die Farben. Macht der Stoff ein Geräusch? Oder riechen Sie einmal ganz intensiv an den Kräutern, die auf dem Markt feilgeboten werden. Wenn Sie eine Pflanze eintopfen, greifen Sie bewusst nach der Erde und fragen Sie Ihre Fingerspitzen, wie sich das anfühlt. Ihre etwas eingeschlafenen, vernachlässigten Sinne werden langsam wieder wach. Das bedeutet nichts anderes, als dass Sie neue Kanäle für neu Gelerntes öffnen und es dem Lernstoff damit leichter machen, sich festzusetzen. Das heißt, wenn Sie Ihre »untrainierten« Sinne wecken, dann fangen diese recht schnell an, für Sie und Ihr neues Lebensgefühl zu arbeiten! Was wiederum bedeutet: Sie haben Ihren Aktionsradius ein gutes Stück erweitert, können das Leben, Ihre Ziele und die Veränderung, die Sie planen, mehr – weil mit mehreren Sinnen – genießen, und kennen sich selbst wieder ein Stückchen besser!

Kapitel 9

Wie Sie mit dem ABER umgehen

Wenn sich das »Aber« immer wieder meldet, kann ich Sie trösten: Auf dem Weg der Veränderung ist das »Aber« ein häufiger Trittbrettfahrer. Sie können es abschütteln, dann läuft es Ihnen nach, oder Sie bitten es zur Kasse. Denn so nervig wie »Abers« sind, können sie eine Menge bringen – wenn man sich ihnen zuwendet und sie nicht wie lästiges Ungeziefer vernichten will. So wie jedes Tierchen seine heilvolle Aufgabe auf der Erde hat, so findet sich auch beim »Aber« etwas, das uns nach vorne bringt. Aber betrachten wir uns das kleine Ding erst einmal wie unter dem Mikroskop:

Das »Aber« ist nicht beliebt, denn es deckt einen Widerspruch auf, der oft als faule Ausrede bewertet wird. Deswegen hören manche Menschen nicht mehr zu, sobald ein »Aber« auftaucht. Der erste Teil des Satzes ist kraftvoll: »Ich würde so gerne rausgehen …«, dann kommt jedoch Teil zwei: »… aber es regnet!« oder »Natürlich liebe ich dich … aber ich will nicht mit dir leben.« »Selbstverständlich engagiere ich mich für den Job … aber das heißt ja noch lange nicht, dass ich alles gut finden muss, oder?«

Im ersten Teil des Satzes geht man sinnbildlich zwei Schritte vor, um mit dem »Aber« wieder einen zurückzugehen. Das kann ganz schön nervig sein, aber von der Metaebene aus betrachtet ist es sehr sinnvoll, wenn bei einer Entscheidung noch etwas klemmt.

 Das »Aber« bringt sofort ans Licht, wenn etwas bei einer Entscheidung noch nicht ganz passt. Etwas Wichtiges muss noch überlegt werden oder es mangelt noch an Informationen. Das »Aber« bringt ans Licht, worauf jetzt der Fokus fallen sollte. Hören Sie sich selbst also gut zu, sollten Sie ein »Aber« verwenden. Begrüßen Sie es höflich und erkundigen Sie sich, was es im Gepäck hat.

Das »Aber« könnte also bei genauer Betrachtung nicht nur Bewegung, sondern auch Tiefe in die Veränderung bringen. Zu viele Menschen nutzen es jedoch für ein »… aber ich komme so selten dazu«. Auch dieses »Aber« ist einen Blick wert, denn es kann für alles Mögliche stehen und nach meiner Erfahrung am seltensten für mangelnde Zeit. Wenn wir etwas wirklich wollen und gerne machen, das wissen Sie sicher aus eigener Erfahrung, dann findet sich auch Zeit und Raum. Stellen Sie sich nur mal vor, Sie würden sich Knall auf Fall verlieben. Auf einmal findet sich Zeit und Energie für einen zärtlichen Liebesplausch am Telefon oder für gestohlene Stunden in verschwiegenen Cafés. Manager, Führungsfrauen, Familienmanagerinnen, Unternehmer und Freiberuflerinnen, die normalerweise immer über zu wenig Zeit klagen, haben auf einmal riesige Zeitlücken, von denen sie früher nur träumten.

Das »Aber« will gefragt werden, was es wirklich will. »Auf was möchtest du mich hinweisen?«, könnten Sie das »Aber« direkt ansprechen oder Sie machen es wie ich, und fragen sich: »Wie fühlt sich die Entscheidung an und was muss passieren, damit Sie noch geschmeidiger wird?«

Hier ein paar Beispiele dafür, was das Tierchen »Aber« eventuell will:

»Aber ich halte ja doch nicht durch!«: Hier will das »Aber« vielleicht ein anderes Ziel oder eine genauere Selbstmotivation.

»Aber es bemerkt ja doch keiner!«: Aha, das »Aber« will eine bessere Selbst-PR.

»Aber ich bin dafür nicht geschaffen!«: Irgendwohin soll es aber gehen, also möchte das »Aber«, dass Sie das Ziel neu überdenken.

»Aber ich weiß nicht, wie ich das umsetzen soll!«: Offenbar möchte das »Aber«, dass Sie sich eine Unterstützung suchen.

Die »Abers« in unserem Leben erzählen uns immer eine Geschichte. Manchmal klingen Sie quengelnd, manchmal herrisch, dann wieder finden sich zögerliche Stimmchen oder Besserwisser. Egal, wie sich das »Aber« in Ihrem Veränderungsprozess, bei Ihrer Entscheidung auch aufplustert oder klein bleibt, das was es sagen will, ist wichtig. Allerdings bedeutet es nicht, dass »Abers« per se *wahr* sind. »Abers« plappern auch gern und bremsen schon mal aus Gewohnheit aus. Wenn Sie nachfragen, dann finden Sie es heraus.

Und seien Sie gewappnet: Falls das »Aber« Sie mal in Ruhe lässt, dann besucht Sie eventuell das »Wenn«: »Wenn ich erst einmal umgezogen bin, dann werde ich mich bei einem Verein anmelden. Aber erst einmal muss ich zusehen, dass ich eine Wohnung finde.« Können Sie die Katze verfolgen, die sich um die eigene Achse dreht? Was jetzt? Umziehen, Wohnung suchen oder Verein finden? Warum so lange warten?

»Wenn das Wörtchen wenn nicht wär, dann wär mein Vater Millionär«, lernte ich bereits in der Grundschule. Ihre »Wenns« sollten Sie genauso ernst nehmen und freundlich begrüßen wie die »Abers«.

Wie schaut es mit dem »Aber« bei Ihnen aus? Haben Sie bereits in sich hineingehorcht? Wie sind denn *Ihre* »Abers«?

Sind sie vom Typ her eher:

* abweisend,
* hinhaltend,
* auf Unterstützung hoffend,
* um Absolution bittend,

* eine Ausrede,
* oder wollen Sie Ihnen einfach guttun?

Guttun, im Sinne von »Jetzt ruh dich mal aus und kümmere dich nicht um jeden Käse! Du hast schon genug am Hals! Was soll denn das? ... immer diese Veränderungen. Andere sind auch nicht perfekt.« Wie Sie unschwer erkennen können, haben wir es hier mit einem »Aber« zu tun, das Ihnen mit seinem Auftreten also eher eine Freude machen möchte. Das »Aber« im »Ich würde so gerne rausgehen, aber es regnet« könnte also positiv gesehen als Geschenk betrachtet werden, nämlich, dass Sie ...

* sich einen schönen Tee kochen und lesen,
* mit Ihrem Partner eine Schmusestunde einlegen,
* fünf gerade sein lassen,
* einen Brief schreiben,
* schöne Musik hören,
* meditieren,
* einen Regenwetterfilm anschauen (mein Vorschlag: »Das doppelte Lottchen«).

Alles in allem wunderbare Vorschläge, die jeder für sich einem vernünftigen – also einem von der Vernunft und nicht vom Herzen gesteuerten – Spaziergang durchaus vorzuziehen sind. Oder etwa nicht?

Wenn Sie Ihrem »Aber« – und Ihren anderen *Veränderungsabhaltungsphänomenen* wie der Ambivalenz auf die Spur kommen wollen, brauchen Sie Zeit, Muße und Hingabe. Aber das dachten Sie sich vermutlich schon.

Aber, ich weiß nicht, was ich will

»Will ich oder will ich nicht?« – gut möglich, dass diese Frage Sie beschäftigt und es kann sein, dass damit ambivalente Gefühle die Klarheit Ihrer Zielvorgabe stören. Einerseits hätten wir gerne diesen Job, andererseits möchten wir uns nicht noch mehr Arbeit aufhalsen.

* Einerseits wäre eine neue Haarfarbe toll, andererseits ist das Nachfärben lästig.
* Einerseits wäre es super, mehr Ordnung zu halten, andererseits machen Bücherberge ein Zimmer richtig kuschelig.
* Einerseits wäre eine Trennung besser, andererseits wollen wir nicht alleine sein.

Schwanken Sie zwischen »Dafür« und »Dagegen« oder sind Sie in eine Einerseits-Andererseits-Trance gefallen? Gibt es vieles, das für die Veränderung spricht, aber leider auch einiges dagegen? Wenn dem so ist, dann wird sich vermutlich gerade bei Ihnen nicht viel bewegen. Das kann es auch gar nicht, denn wir ähneln in diesem Zustand unseren Autos. Mit angezogener Handbremse ist Vollgas einfach nicht möglich. Zwar bewegt man sich irgendwie von der Stelle, aber, wenn Sie Auto fahren, wissen Sie es genau, es ist ein Rumgehoppel und stinken tut es auch.

Die meisten der täglichen Entscheidungen sind nicht so schwer und werden eher unbemerkt gefällt. Oder setzen Sie sich zum Nachdenken lange hin, wenn Sie zwischen einer Brezel und einem Mohnzopf wählen? Im Zweifelsfall nehmen wir eben beides. Aber leider ist das Leben keine Bäckerei, und so kommt es, dass uns manche Entscheidungen wirklich heftig beschäftigen können, uns Kopfschmerzen bereiten und schwer im Bauch liegen. Und genau da gehören sie auch hin: in Kopf *und* Bauch. Entscheiden Kopf und Bauch *miteinander*, dann können sie ein wahres Dreamteam bilden. Dieses Team trickst Ambivalenzen aus, die sich gerne im Kopf aufhalten. Unser Bauch weiß nämlich sehr viel schneller, wenn etwas die Bewegung nach vorne bremst, denn Bauchentscheidungen fallen blitzschnell, etwa 200 bis 300 Millisekunden, nachdem ein Reiz wahrgenommen wurde. Das wissen Frauen aus eigener Erfahrung, etwa, wenn sie von einem fremden Mann auf ein Glas Wein eingeladen werden. »Wenn ein Mann auf mich zukommt, dann ist mir schon klar, bevor er den Mund aufmacht, ob ich ihn näher kennenlernen will oder nicht. Das weiß ich instinktiv.« Also aus dem Bauch heraus. Wir bekommen ein gutes Gefühl oder haben, wenn wir gegen uns handeln, ein schlechtes Gefühl. Wir strahlen über das ganze Gesicht oder der Blick verdunkelt sich. Diese Gefühle nennt man in der Fachwelt *somatische Marker* und allen voran beschäftigt sich die Psychologin Dr. Maya Storch mit dem Thema. Somatische Marker sind uralte Überlebenserfahrungen, die unserem evolutionär älteren Teil des Gehirnsystems angehören. In Bruchteilen von einer Sekunde weiß dieses Gedächtnis, was uns guttut und was nicht.

Unser Verstand dagegen gleicht einer ächzenden alten Lokomotive. Das heißt aber nun nicht, dass immer die erste instinktive Entscheidung auch die beste ist. Denn vielleicht wäre es gut, diesem Herrn wenigstens kurz zuzuhören. Möglicherweise ist er der »Mann auf den zweiten Blick«. Um dies zu entscheiden, brauchen wir unseren Kopf und Bauch. Denn uneindeutige Entscheidungen werden schnell Verschiebemasse. Dann hören wir die berühmten Worte: »Könnte, wollte, würde, … wenn die Zeit dafür reif ist, … wenn erst einmal etwas anderes abgeschlossen oder ein bestimmter Punkt erreicht ist (der dann tragischer weise aber nicht kommt).« Die Reduzierung des Gewichtes scheitert beispielsweise oft an genau dieser »Könnte, würde, täte, wollte«-Hürde. Erst mit der wirklichen Entscheidung werden wir langfristig Erfolge erzielen.

Veränderung ist manchmal nichts anderes als eine Bastelei. Versuchen Sie es so zu sehen. Sie drehen, schrauben, feilen und besehen sich alles wieder von allen Seiten. Immer noch gibt es einen Fleck, der übermalt sein will, es klemmt an manchen Stellen und das Ergebnis zeigt sich langsam. Wenn Sie aber dranbleiben – und Sie sehen, dieses »Aber« ist eine kleine Durchhalteparole –, dann werden Sie schaffen, was Sie schaffen wollen und darüber hinaus eine sehr gute Kenntnis über sich und Ihre ureigensten Entscheidungsprozesse haben.

Kapitel 10

Für welche Veränderung Sie sich auch entscheiden, eine Auswirkung wird es geben

Entscheidungen haben Auswirkungen – und damit manchmal einen Preis! Und die Auswirkungen sind es, die wir bei Entscheidungen befürchten, deswegen vermeiden wir es zuweilen, eine anstehende Entscheidung wirklich anzugehen. Millionen von Frauen, die einen verheirateten Mann lieben, wissen ein Lied von dieser Furcht zu singen. »Er sagt, er will darüber nachdenken, aber dann spricht er das Thema wochenlang nicht an!«, verzweifelt Thea. »Was gibt es da denn noch zu denken? Er beteuert doch immer wieder, dass ich die Frau bin, die er liebt, und jetzt denkt er nicht die Spur darüber nach.« Weil mir das Thema vertraut ist und ich ein neugieriger Mensch bin, habe ich meinen Freund Dirk Pfister dazu befragt. Dirk ist ein echter Männerkenner. Bei langen Spaziergängen kann ich Dirk all das fragen, worüber ich als Frau verzweifle. »Wieso reflektiert Theas Lover nicht?« »Wegen der Auswirkungen!«, bescheinigt mir nun auch Dirk. »Wenn er nachdenkt, dann muss er entscheiden. Männer entscheiden in Liebesdingen aber nicht gerne. Schon gar nicht, wenn so viel auf dem Spiel steht.«

Gratis gibt es kaum etwas im Leben. So ist es bei Entscheidungen, wenn wir eine Wahl für und damit auch gegen etwas treffen, und genauso ist es bei Veränderungen. Hier haben wir erneut die Wahl und müssen mit einer Entscheidung für etwas oft etwas anderes bleiben lassen.

* Wenn Sie abnehmen, sind Sie nicht nur schlank, sondern werden damit auch gesehen, was gelegentlich lästig sein kann.
* Sollten Sie sich für eine neue Haarfarbe entscheiden, müssen Sie immer wieder fürs Nachfärben zum Friseur.
* Möchten Sie etwas lernen, wird durch den Aufwand Ihre freie Zeit weniger.
* Wenn Sie mit jemandem zusammenziehen, dann schaffen Sie sich zwar ein trauliches Miteinander, das manchmal aber auch anstrengend ist.

✳ Wenn Sie lernen, »Nein!« zu sagen, kann es sein, dass die Reaktion Unverständnis ist.

Die Auswirkung, die eine Entscheidung hat, ist manchmal absehbar und manchmal nicht. Unzählige Kartenlegerinnen und Astrologen leben von dieser Qual der Wahl und dem Ringen um die beste Entscheidung. Menschen wollen etwas wagen, aber am liebsten ohne Risiko. In meiner Arbeit erlebe ich das, wenn Klienten zu mir sagen »Ich möchte anders werden, aber mich nicht verändern.« Veränderungen bewirken jedoch, dass sich etwas verändert. Das ist das Ziel, das Wesen der Veränderung.

Es kann sein, dass die Veränderung, das Neue nicht nur positive Folgen nach sich zieht. Aber Hand aufs Herz, möchten Sie wegen des Risikos wirklich auf den Gewinn verzichten?

Solange es nicht um Leben und Tod geht, dürfen Sie ein Risiko durchaus als »Einladung zum Tanz« verstehen. Das Leben ist nicht absehbar. Ab und zu sind Sie Alice und staunen mit weit aufgerissenen Augen über die Kaninchen und Monster in dem Wunderland, das Sie selbst in sich tragen.

Ich bin so einmal grandios bei einem Casting gescheitert. Es ging um eine Moderatorentätigkeit beim öffentlich-rechtlichen Fernsehen. Ich hatte durch meine wöchentlich ausgestrahlten Buchtipps schon eine gewisse Sicherheit vor der Kamera entwickelt und war davon überzeugt, dass reinstes Moderatorenblut durch meine Adern floss. Es galt nur noch, das Casting zu bestehen. Ich wollte mich verändern und eine größere Rolle in einer Sendung einnehmen, also habe ich mich beworben und ging mit Herzklopfen, aber mutig in das Casting.

Um es drastisch auszudrücken: Ich hab's komplett versemmelt! Im Casting musste ich unter anderem ein Expertengespräch über Winterreifen führen, dann einen Beitrag zum Thema »Wie findet man den besten Haarschnitt für sich?« anmoderieren. Außerdem sollte ich das Backen eines Kuchens kommentieren, und dazwischen kam noch ein Musikbeitrag – ich glaube, es ging um traditionelles Volksliedgut aus dem schönen Schwarzwald.

Schon nach ein paar Minuten hatte ich den Faden der Sendung gänzlich verloren. Gequält sahen mir Maske, Regie und Kamera bei meinem Durchgewurstel zu. Nach 20 Minuten, die mir wie Stunden schienen, war der Spuk endlich vorbei. Das Team, das mich ja als Kollegin kannte (was die Sache noch etwas delikater machte), schaute, vermutlich mit einem Gefühl von Fremdschämen, zur Seite. Ich war gescheitert, und zwar grandios. Was für eine Blamage … und nur, weil ich mit meinem Buchjob nicht zufrieden gewesen war.

»Wär ich doch bescheidener gewesen«, schimpfte ich mich selbst, und dann gab's noch das übliche »Alle können moderieren, bloß ich nicht!« als Sahnezulage obendrauf. Heute weiß ich: Gescheitert wäre ich dann, wenn ich es nicht probiert hätte.

Die Pleite beim Casting hatte aber noch ein Geschenk im Gepäck dabei, denn sie ermöglichte mir einen realen Blick auf diesen Traum zu werfen. Moderation hatte ich mir immer ganz aufregend vorgestellt. Was ich jetzt aber wusste, war, dass dieser Beruf nicht zu mir passt. Nicht, weil ich gescheitert war, sondern weil es mich nicht reizt, als Moderatorin einer Nachmittagssendung im Schweinsgalopp durch eine bunte Themenpalette von Winterreifen, Käsekuchen und Dauerwellen zu toben. Meine Aufgabe als Buchexpertin war da viel schöner, denn ich konnte selbst erzählen und brauchte nicht erzählen *lassen*. Mit dem Thema Moderation war ich fortan durch, und nie wieder spürte ich auch nur einen Hauch von Neid, wenn eine hübsch zurechtgemachte Dame mit freundlichem Lächeln auf dem Bildschirm erschien: »Schön, dass Sie da sind! Ich habe Ihnen heute ein paar wunderbare Gäste mitgebracht …!« Nein, denke ich mir seitdem oft, meinen Käsekuchen backe ich mir lieber selbst!

Das Risiko, etwas zu testen und dabei zu scheitern zeigte sich in meinem Fall als sinnvoller, als meinen Veränderungswunsch einfach zu ignorieren. Zu überlegen und zu akzeptieren, dass eine Veränderung etwas kostet, ist ein erwachsener Akt. In diesem Moment sind Sie aktiv dabei, wägen ab und sind damit handelnder Mensch und nicht mehr Opfer. Sie wissen, dass Sie sich entscheiden können …

… wie viel Veränderung es sein darf,

… was Sie bereit sind zu zahlen,

… wie viel davon Sie anderen zeigen möchten,

… und wie viel Risiko Sie eingehen möchten.

Ganz wichtig: Tragen Sie das Risiko allein, oder hat Ihre Entscheidung Auswirkung auf das Leben eines anderen Menschen, etwa Ihres Partners, Ihrer Partnerin, der Familie, der Kinder? Wenn dem so ist, dann sollten diese Menschen gehört werden, denn dann geht es nicht mehr nur um Ihre Veränderung, sondern auch um die Veränderung im Leben von anderen Menschen.

Dank dieses Durchdenkens geschieht neben der Risikoanalyse noch etwas anderes, was für eine wirkliche Veränderung unerlässlich ist: Sie wird *zu Ihrer Sache*! Nur wenn Sie sich selbst für eine Veränderung entscheiden, mit allen Risiken und Nebenwirkungen, dann verbinden Sie sich mit dem, was in der Zukunft kommen soll. Sie haben die Veränderung damit zu einem Großteil »beleuchtet«. Nichts liegt im Dunkeln oder wird wie Schmutz unter das Bett gekehrt. Sie kennen den Schatten und das Licht. Niemand kann Ihnen nun etwas vormachen, sondern Sie nur noch mit weiteren interessanten Details versorgen. So sind Sie mit Ihrer Veränderung auf einem selbstbewussten Weg, da Sie sich des Wunsches, der Auswirkungen und eines möglichen Risikos bewusst sind.

Dasselbe gilt übrigens auch, wenn Sie bleiben möchten, wie Sie sind. Denn auch das hat Auswirkungen, die Sie tragen und gutheißen sollten. Argumente helfen Ihnen auch hier, zu dieser Entscheidung zu stehen.

Es ist sinnvoll, wenn Sie sich an diesem Punkt noch mal die Mühe machen, die folgenden Gedanken zu formulieren:

Ich möchte folgende Veränderung in meinem Leben:

_____

_____

Die Auswirkungen, die ich annehme:

_____

_____

Möchte ich die Veränderung dennoch? Mit welchen guten Gründen?

_____

_____

Wenn Sie Ihren Veränderungswunsch jetzt noch einmal betrachten, wie fühlt sich der Gedanke nun an? Sind die ambivalenten Gefühle noch immer vorhanden oder ist eine Richtung klarer zu erkennen, nachdem Sie sie durchdacht haben? Gibt es Zwischenschritte, die Sie ausprobieren können, um die Auswirkungen damit etwas besser kalkulieren zu können?

Erinnern Sie sich an dieser Stelle doch auch noch mal an die Zukunftsreise vom Anfang des Buches und machen diese Übung eventuell noch einmal. Welche bislang versteckten Sehnsüchte möchten Sie endlich leben? Welchen Weg wollen Sie ab jetzt gehen? Wie wird Ihre Zukunft sich gestalten, was ist Ihnen wichtig, welches Lebensgefühl möchten Sie in sich tragen? Für welche der vielen Möglichkeiten möchten Sie sich entscheiden? Ab in die Zukunft, ist die Empfehlung, die ich Ihnen gebe.

Alles ist im Wandel – wie sich unsere Veränderung auf andere Menschen auswirkt

Wenn wir uns verändern, dann wandeln sich auch unsere Beziehungen zu den Menschen um uns herum – auch dann, wenn wir dies gar nicht beabsichtigt hatten. Markus, ein Kollege von mir, verbrachte vor wenigen Jahren nach einer Operation mehrere Wochen in einer Rehaklinik. Er hatte in dieser Zeit ein paar Kilos abgespeckt und das Radfahren für sich entdeckt. Keine große Sache eigentlich. Eher etwas, worüber sich seine Frau Margret sehr freute.

Doch Markus hatte bei seinen Radtouren noch etwas entdeckt: das Wörtchen »ich«. Bislang war er ein knuffiger, liebevoller Ehemann gewesen, der seine Frau beim Stadtbummel begleitete oder mit ihr ins Café ging. Nun jedoch entschied er sich an den Wochenenden lieber fürs Radfahren. Statt den überwiegenden Teil seiner Freizeit mit Margret zu verbringen, radelte er allein durch die nähere Umgebung.

Margret, die gewohnt war, dass Markus sie in sein Leben einbezog, war irritiert – ja, mehr noch: Sie reagierte eifersüchtig, fühlte sich ausgegrenzt und alleingelassen. Viele Streitereien und Tränenausbrüche waren die Folge. Markus, nun kein weicher Brummbär mehr, blieb bei seinem Entschluss. Er erklärte Margret: »Ich werde dir jede Frage beantworten, ich werde dir gern alles erzählen, was in mir und um mich herum vorgeht, aber ich werde weiterhin allein Fahrrad fahren.

Nach und nach gewöhnte sich Margret an die neue Situation. Sie begann, über ihr eigenes Leben nachzudenken und erkannte

Chancen und Möglichkeiten, die sie bisher nicht in Betracht gezogen hatte. Auch sie entdeckte ihr Ich und genoss es sehr: Sie stellte fest, dass es viel schöner war, allein oder mit einer Freundin durch die Stadt zu bummeln, sie begann Volleyball zu spielen und gestaltete die Zeit, während der Markus mit seinem Fahrrad unterwegs war, aktiv für sich.

Und nun? Alles gut? Oh nein, so einfach ist es in den meisten Fällen nicht.

Auch diese Veränderung zog Veränderungen nach sich. Markus fühlte sich nämlich nun auf einmal überflüssig. »Als sich Margret anfänglich beschwerte, weil ich ihr bei den Shoppingtouren fehlte, da war das nicht nur ärgerlich, es war auch schmeichelhaft«, gestand Markus ein. »Jeder Streit hat mir unter anderem auch gezeigt, wie wertvoll ich für sie war. Als sie nun aber immer häufiger allein oder mit anderen unterwegs war und Gefallen daran fand, fühlte ich mich ausgegrenzt.« Markus bot Margret nun sogar an, die Fahrradtouren bleiben zu lassen, um sie wieder zu begleiten. Doch Margret lehnte ab, weil es ihr viel mehr Spaß machte, allein durch die Stadt zu bummeln oder mit den neuen Freunden Volleyball zu spielen.

Erst nach einer Weile fanden die beiden einen Weg, wie aus den zwei Ichs wieder ein Wir werden konnte: Die Samstage verbringen sie weitgehend mit ihren jeweiligen Hobbys. Die Sonntage jedoch gehören ihnen gemeinsam. Diese werden inzwischen jeweils im Wechsel von einem der beiden gestaltet: »Wir wollten nicht, dass unsere Kreativität im Ich verschwindet, sondern uns gegenseitig inspirieren. Deshalb bringen wir uns an den Sonntagen gegenseitig auf neue Ideen und erfahren neue Dinge.« Auf diese Weise hielten Vielfalt und Zufriedenheit Einzug in Margrets und Markus' gemeinsames Häuschen. Die beiden sind auf neue Weise ins Gespräch gekommen und entdecken neben neuen Facetten ihres eigenen Ich auch bislang unbekannte Seiten ihres Wir.

Trauen Sie sich, unvertraut zu werden

Familien und Freundschaften basieren auf Vertrautheit und Gewohnheit. Deshalb irritiert es zunächst, wenn jemand auf einmal anders reagiert als sonst. Was bislang bekannt war, wird nun unkalkulierbar. Der Mensch, der bisher vertraut war, wirkt fremd. Solange wir sind, wie wir immer waren, kann es sich unser Gegenüber in einer beziehungsmäßigen Komfortzone gemütlich machen. Doch wenn Sie sich verändern, ist dies vorbei. Manche Veränderungen gehen langsam vonstatten, da fällt es zunächst kaum auf, wenn sich die Beziehungsstrukturen wandeln. Manche Änderungen hingegen kommen plötzlich und krempeln einiges um.

Dies ist ein ganz natürlicher Vorgang. Alle unsere Beziehungen unterliegen einem Wandel, denn wir alle verändern uns im Laufe unseres Lebens. Meist geschehen diese Veränderungen langsam und allmählich, sodass wir dies kaum registrieren. Nehmen wir unsere Entwicklung jedoch in die Hand und treiben sie aus eigenem Entschluss voran, fällt es unseren Freunden, den Kollegen und der Familie bewusst auf. Manche reagieren dann irritiert und verunsichert: »Was ist denn mit dir los? So kenn ich dich ja gar nicht.« Was bislang vorhersehbar und bequem war, wird nun unkomfortabel.

Lassen Sie sich von solchen Äußerungen nicht abschrecken – zum einen ist es doch ein schönes Kompliment, dass man sein

Gegenüber auch nach Jahren noch überraschen kann. Und zum anderen hält Überraschung jung. Meine gute Freundin Helga bringt dies elegant auf den Punkt: »Es macht doch nichts, wenn andere sich an etwas Neues, Unbequemes gewöhnen müssen. Die spüren sich dann auch.«

Nur weil es für jemand anders gemütlich und vertraut ist, heißt das noch lange nicht, dass Sie immer die- oder derselbe bleiben müssen. Sie haben das Hoheitsrecht über Ihre Persönlichkeit, und wenn Sie sich verändern möchten, dann ist dies allein Ihre Entscheidung! Außerdem streben Sie ja eine Veränderung an, weil Sie glücklicher und zufriedener sein wollen und dieses Glück färbt auch auf andere ab.

Machen Sie sich für andere nicht kleiner, als Sie sind

Freundschaften können wir schließen und wieder lösen – bei Familienbanden verhält es sich etwas anders. Regina, Teilnehmerin eines meiner Seminare, schilderte ihren Zwiespalt folgendermaßen: »Ich habe studiert und arbeite in leitender Position in einem großen Chemieunternehmen. Meiner Familie ist das völlig fremd. Schon dass ich studiert habe, war irritierend, und dann noch Chemie, etwas so Abstraktes. Außerdem stört es meine Verwandten, dass ich nicht mehr wie sie auf dem Land wohne. Ich würde mich so ›städtisch‹ geben, sagen sie. Um solche Reibungspunkte zu vermeiden, passe ich mich lieber an, wenn ich zu Hause bin. Ich versuche so zu sein wie früher. Aber das fühlt sich falsch an – ich bin zwar noch ich, aber doch gleichzeitig eine andere. Manchmal weiß ich gar nicht mehr, wer ich bin.«

Während Regina von ihrer Familie erzählt, verändert sich ihre ganze Körperhaltung. War sie vorher eine ganz souveräne Managerin, verhält sie sich nun eher wie ein kleines Mädchen. Beide Füße hat sie hinter die Stuhlbeine verhakt, den Oberkörper seitlich nach vorn gebogen, den Kopf hat sie schief gelegt, ihre Lippen sind zu einem hilflosen Lächeln verzogen, und die Stimme ist leise und hoch geworden. Kein Wunder, dass sie sich in ihrem Heimatort zerrissen und unwohl fühlt: Sie versucht dort, ihre Veränderung, die Entwicklung, die sie im Laufe der Jahre durchlaufen hat, zu verbergen. Statt zu zeigen, wer sie ist, versucht sie, das Mädchen zu sein, das sie früher einmal war.

Regina steckt in einem Dilemma: Zeigt sie ihrer Familie ihren Wandel, ihr neues Selbst, dann würde sie für ihre Familie zunächst einmal fremd und unvertraut werden. Verschweigt sie den Wandel jedoch weiterhin, indem sie sich an ihre Familie und ihre alte Rolle anpasst, dann ist sie sich selbst fremd und unvertraut.

Als Regina dies bewusst wurde, entschied sie sich, von nun an zu zeigen, dass sie sich verändert hatte. Sie wollte zu Hause nicht mehr die Rolle des kleinen Mädchens annehmen, sondern zeigen, dass sie längst eine eigenständige Frau mit einem eigenen Werdegang war. Ganz bewusst nahm Regina in Kauf, dass dies zu Irritationen und vermutlich spitzen Bemerkungen führen würde. Doch sie kam zu dem Schluss, dass ihr dies lieber war, als die innere Zerrissenheit.

Wenn Sie sich für Wachstum und Erneuerung entscheiden, dann kann es sein, dass Teile Ihrer Familie davon irritiert sind. Manche verstehen diesen Schritt vielleicht nicht und sehen darin eine Zurückweisung von Werten, die ihnen viel bedeuten. Manche sind vielleicht enttäuscht, weil sie anderes erwartet haben. Aber egal, wie Sie sich wenden und drehen: Einer wird immer enttäuscht sein: Entweder derjenige, der von Ihnen anderes erwartet hat – oder Sie, weil Sie Ihren Traum den Erwartungen anderer opfern.

Auch Abschiede, Trennungen und kleine Distanzen können liebevoll gestaltet werden und überhaupt, man weiß doch nie, ob und wann man sich wieder begegnet. Ein paar Freundschaften von mir ruhten deshalb schon eine Zeit lang und zumindest zwei davon blühten nach der Pause sogar schöner als zuvor.

Abstand bedeutet nichts anderes, als dass sich der Raum zwischen zwei Menschen vergrößert und man nur bestimmte Situationen oder Erfahrungen miteinander teilt. Dank des größeren Raums und der Distanz hat Ihr Gegenüber die Möglichkeit, sich an Ihr Anderssein zu gewöhnen: Skeptische Familienmitglieder oder auch Freunde können beobachten, wie Sie nun handeln und sich geben, und auf diese Weise langsam damit vertraut werden. Wenn Sie Ihre Andersartigkeit verbergen, hat Ihr Gegenüber überhaupt keine Chance, dies zu tun.

Wenn Sie befürchten, dass andere Menschen sich dann abwenden oder Sie nicht mehr lieben, dann sprechen Sie darüber. Sehr oft stimmt unsere Fantasie mit der Wirklichkeit nicht überein. Das heißt, wir »dichten« dann etwas in andere Köpfe hinein und lassen uns von eigenen Fantasien und Interpretationen blockieren.

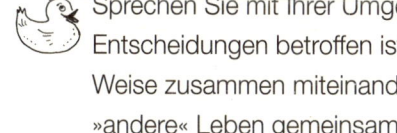 Sprechen Sie mit Ihrer Umgebung, wenn sie von Entscheidungen betroffen ist. Sie können auf diese Weise zusammen miteinander klären, wie das neue »andere« Leben gemeinsam zu leben ist. Außerdem ist es auch manchmal so, dass man viel mehr Bedenken

darüber hat, wie sich das Umfeld zu der Veränderung äußern wird, als es tatsächlich der Fall ist. Die Klärung hilft also nicht nur anderen, an Ihrer Entwicklung teilzuhaben, sondern Sie tun auch etwas für sich.

»Ich will schreiben«, sagte ich vor 15 Jahren, wohl wissend, dass ich dann nicht mehr als Redakteurin arbeiten konnte. Es brannte mir auf der Seele, und für Außenstehende war es schwer, meinen inneren Drang zu verstehen. Eine eigene große Interviewsendung im Radio aufgeben, nur weil man ein »bisschen schreiben« will? Es musste sein, ich wollte es, und ich war mir darüber klar, dass ein großes Risiko damit verbunden war: emotional, finanziell, karrieremäßig und auch, was das Ansehen meiner Familie betraf, denn schließlich würde man mich nicht mehr »im Radio hören« können, und damit fiele schließlich bei den Nachbarn auch das kleine »Starglitzern« unserer Familie weg!

Wie sieht es bei Ihnen aus? Haben Sie eine Idee, mit welchem Risiko oder Preis Ihre Veränderung verbunden sein könnte?
Folgende Fragen bringen Klarheit:

* Was müssen Sie lassen, um das Neue zu beginnen?
* Sind reelle Kosten damit verbunden?
* Müssen Sie jemanden einweihen, auf Ihre Seite ziehen?
* Brauchen Sie jemanden, der »mitzieht«, Sie begleitet oder unterstützt?
* Ist Ihr Vorhaben aus eigener Kraft zu schaffen, oder braucht es etwas, damit Ihr Plan gelingt?
* Gibt es ein Opfer, bleibt etwas auf der Strecke?

Eine letzte Frage: Sind Sie bereit, den Preis zu zahlen, das Opfer zu entrichten, das Risiko einzugehen? Wenn dem so ist, dann sagen Sie laut und vernehmlich JA zu Ihrer Veränderung und gehen Sie los! Denken Sie an den kleinen Marcel: »Ja! Hier oben!« – das wird Sie in Ihrer Energie unterstützen.

Wenn der Preis zu hoch, das Risiko nicht überschaubar, das Opfer unangemessen ist, dann überprüfen Sie noch einmal, inwieweit Ihr Veränderungswunsch überhaupt umsetzbar und realistisch ist. Ihr Unterbewusstsein wird nur die Veränderungen mittragen, für die es bereit ist, etwas anderes zu »lassen«. Ist dem nicht so, stellt es sich quer, und in der Folge werden Sie Ihr Ziel nicht erreichen. Sehr gerne wird dann der innere Schweinehund bemüht, oder man wirft sich vor, nicht konsequent genug zu sein. In Wirklichkeit ist da aber ein Preis, der zu hoch scheint, ein Opfer, das man nicht wirklich bringen möchte oder ein Risiko, das man nicht bereit ist einzugehen.

Leider ist nicht möglich, das Risiko komplett auszuschalten. Aber lassen Sie sich von dem Wort Risiko nicht zu sehr beeindrucken. Auch mit diesem Wort gehen Interpretationen, Fantasien und Annahmen einher. Manch einer sieht sich da sofort unangeseilt in einer Bergwand hängen, dabei findet die Klettertour in einem gesicherten Klettergarten statt. Risiken sind unterschiedlich groß. Manche scheinen verschwindend klein, manche blasen sich auf und machen sich wichtig und manche sind wirklich so groß, dass wir uns beraten und absichern sollten, bevor wir es wagen, sie einzugehen.

Sie wollen kein Risiko eingehen?

Dann haben Sie Ihren Plan wenigstens durchdacht und werden von Ihren Überlegungen an anderer Stelle profitieren. Sie haben sich dann für die Sicherheit entschieden und gegen das Risiko. Das ist okay. Hauptsache Sie reflektieren und entscheiden dann. Jede Entscheidung ist gut, auch wenn sie erst einmal wie ein Rückschritt erscheint.

Das Leben öffnet uns immer wieder neue Fenster und Sie wissen doch: verpasste Chancen, die gibt es nicht. Wo sich eine Tür schließt, geht nämlich meist ein Fenster auf. Auch das ist ein Glaubenssatz, aber ein guter!

Wie man in eine Veränderungsidee verliebt bleibt

Ich habe eine sehr gute Freundin, Claudia. Wir kennen uns bereits seit vielen Jahren und ich konnte in all der Zeit beobachten, dass Claudia nicht an ihren Zielen scheitert, sondern dass ihr leicht die Luft bei der Umsetzung ausgeht. Sie probiert etwas, hält eine Weile daran fest und dann gibt sie auf, vergisst die Idee und lässt alle Planungen einfach fallen. »Ach … lieber doch nicht!«, sagte Claudia dann und wedelt alles weg. Oder sie erkennt nach einer Zeit »Weißt du, das dauert mir einfach zu lang.« Oder sie verliert mit der Zeit den roten Faden. Ein Abbruch dieser Art ist nicht weiter schlimm, aber wenn Sie oft Ihre Ziele aufgrund von Lustlosigkeit abbrechen, dann verlieren Sie mit der Zeit das Interesse, sich neue Ziele zu setzen – und das wäre doch sehr schade!

Unerfüllte Ziele und Vorhaben werden mit der Zeit so unattraktiv wie eingestaubte Beziehungen. Man schätzt sich, mag sich, kann sich aufeinander verlassen, aber es pulsiert nichts mehr. Fünf Diäten weiter, haben Sie dann noch immer kein Gramm abgenommen. Oder Sie haben wie ich die größte private Sammlung von »Lernen Sie Italienisch«-Büchern und CDs und sind bei den ersten Sätzen stehen geblieben.

Salve a tutti, mi chiamo Christina, e sono tedesca.

Es ist wunderbar, immer neue Bücher und CDs zu kaufen, nur das Üben und Lernen fällt mir so schwer. Ich liebe die Idee, Italienisch zu können, aber ich mag nicht den Weg, der dahin führt. »Liebe ist Arbeit«, hört man häufig, und das mag ich eigentlich nicht gern. Denn wenn schon die Liebe unter die Kategorie Arbeit fällt, ach, dann kann man doch auch gleich den Kopf auf die Tischplatte legen und eine Runde heulen. Wer will sich denn schon permanent mit Arbeit beschäftigen? Allerdings ist es nicht nur auf dem Weg zu kleinen Zielen, sondern auch im Allgemeinen so, dass sich nur dann etwas bewegt, wenn man selbst in die Gänge kommt. Und das tut man umso lieber und leichter, je mehr Freude und Liebe im Spiel ist.

Kurz und gut, will man etwas verändern und dabei bleiben, muss man sich verlieben. Und wenn man nicht verliebt in das Thema ist, dann muss man etwas finden, was einen verliebt macht. Viele Wege führen zur Anziehung. Und die muss geschehen, damit Sie Ihrem Ziel – auf lange Sicht – treu bleiben. Von mir aus auch 50 Jahre lang.

Max Kruse, einer meiner liebsten Autoren, ist 90 Jahre alt und schreibt noch immer. Er muss diese Beschäftigung lieben, etwas an ihr finden, sonst würde er das nicht schon seit 70 Jahren tun.

Liebe kommt von alleine, aber sie bleibt nicht von alleine bestehen. Ich erinnere mich gut an den Moment, in dem ich sehr glücklich und verliebt das Anmeldeformular für meinen ersten Italienischkurs ausfüllte. Lang, lang ist's her. Aber ich kann es noch spüren, dass da »etwas« war. Und wenn einmal etwas *war*, dann kann es auch wieder *sein*. Sich daran zu erinnern, kann Ihnen helfen, wieder den alten Schwung zu spüren. Tauchen Sie noch mal richtig in dieses Gefühl ein. Meldet sich da etwas, das noch pulsiert und gelebt sein will? Wenn ja, dann ist es noch nicht zu spät und Sie können das scheinbar erloschene Feuer neu entfachen.

Bitte schreiben Sie in das Herz Stichworte, die Sie später, in Zeiten der Dürre, daran erinnern, dass Sie sehr verliebt gewesen sind, als Sie die Veränderung wollten.

Und was wollen Sie tun, um in guten wie in schlechten Tagen Ihrer Veränderung treu zu bleiben? Etwa, wie ich, sich einen Urlaubsort suchen, der mich bei meinen Veränderungen inspiriert – Wien und Weimar sind für mich diese beiden Orte. Oder eine Musik finden, die es mir leicht macht, immer wieder die Bücher in die Hand zu nehmen.

Veränderung braucht Liebe, keine Nörgelei. Sie will gepflegt und beachtet werden und realistisch eingeschätzt. Und manchmal, da braucht man trotz allen guten Willens auch etwas Hilfe, ein paar Erinnerungen oder Tipps. In der Ideenkiste am Ende des Buches habe ich zusammengetragen, was für Sie hilfreich sein kann, wenn Ihr Plan ins Stocken gerät und auf welcher Schiene Ihr Selbstbewusstsein prima rollt. Veränderungen sind etwas Wunderbares, weil Wandel zum Leben gehört und das Leben bunt und fröhlich macht.

Es ist nicht gesagt, dass es besser wird, wenn es anders wird. Wenn es aber besser werden soll, muss es anders werden.

Georg Christoph Lichtenberg (1742-1799),
Aphoristiker und Physiker

TEIL 4

DIE IDEENKISTE

Erfüllungsgehilfen

Wenn Sie sich verändern wollen

Jedes Ziel und jede Zielerreichung hat so seine Tücken. Der Plan mag noch so gut sein, trotzdem kann es passieren, dass wir vom Weg abkommen. Deswegen ist es gut, immer mal wieder zu überprüfen, ob Sie auch an alles gedacht haben, was die Zielerfüllung braucht.

1. Ist Ihr Ziel gut formuliert?

Überprüfen Sie, ob das Ziel so formuliert ist, dass es attraktiv ist, realistisch und damit erreichbar. Liegt das Ziel weiter entfernt, über einem Jahr, dann nennen Sie es großes Ziel oder Vision und stellen Sie ein größeres Teilziel an die erste Stelle. Der Erfolg muss für Sie sichtbar und spürbar sein, dann werden Sie Ihr Ziel motivierter angehen.

2. Können Sie sich Ihr Ziel vorstellen?

Für die Realisation eines Zieles sind Bilder der Treibstoff. Stellen Sie sich immer wieder vor, wie es sein wird, wenn Sie das Ziel erreichen. Klappt dieser innere Film nicht, dann ist das ein Zeichen dafür, dass das Ziel noch nicht stimmig ist.

Ein Beispiel aus dem Coaching:

»Ich möchte mich anerkannt fühlen, aber ich kann das innerlich nicht sehen.«

»Was muss geschehen, gesagt, gemacht werden, damit du dich anerkannt fühlst?«

»Weiß ich nicht. Muss ich noch nachdenken.«

Sie sind sich dann noch nicht darüber bewusst, was Sie genau wollen. Wenn Sie es nicht wissen, dann ist es schwer, eine äußere Veränderung »einzufordern« beziehungsweise zu registrieren. An irgendeiner Stelle müssen Sie noch mal »drehen« oder es braucht ein greifbares Ziel davor.

3. Sind Sie motiviert?

Oder mangelt es an ein paar Leckerlis auf dem Weg? Lesen Sie noch mal in Kapitel 8 über die verschiedenen sinnlichen Wahrnehmungstypen. Nicht nur Ihr Ziel, auch Ihre Motivation muss passen. Wenn Sie sich ein tolles Abendessen versprechen, aber eher ein Akustiker sind, dann wäre wahrscheinlich ein Konzert oder ein anderer »Hörgenuss« die größere Motivation.

4. Erzählen Sie von Ihrem Plan

Davon zu erzählen, was wir wollen, probieren oder angehen, macht nicht nur andere Menschen zu Zeugen unserer Veränderung, sondern kann sie zu Komplizen machen. Ein guter Freund wird Ihnen keine Zigarette mehr anbieten, wenn Sie das Rauchen beenden wollen. Aber dafür muss er es wissen. Ihre Freundin wird Ihnen nicht vorhalten, wie toll andere Menschen sind, wenn sie weiß, dass Sie gerade dabei sind, Ihr Selbstwertgefühl zu stabilisieren. Sprechen Sie von sich und hören Sie sich dabei selbst zu. Klingt Ihr Wunsch nachvollziehbar und plausibel? Wenn andere Verständnisschwierigkeiten haben, dann kann es auch sein, dass Sie etwas noch nicht ganz verstehen.

Dann einfach noch mal nachdenken und kürzere Sätze ausprobieren.

5. Wie viel Ideen haben sich in Ihrem Ziel versteckt?
Ist Ihr Wunsch ein trojanisches Pferd, das in seinem Bauch gleich 5 oder mehr Ziele mit sich bringt?

Beispiel: »Ich möchte mich mehr um meine Kinder kümmern, das Kinderzimmer renovieren, im Kindergarten in den Elternbeirat gehen, einen Kurs mit ihnen besuchen und einen tollen Urlaub planen.«

Kein Wunder, wenn Ihnen bei solch einem Ziel die Puste ausgeht. Schreiben Sie die Ziele lieber untereinander auf und überlegen Sie erneut. Mehr um die Kinder kümmern, was hat das mit Renovierung zu tun? Schon höre ich das Kind aus dem Nebenzimmer rufen: »Immer streichst du Wände an und niiiiieeee spielst du mal mit mir!«

6. Spüren Sie Ihr Herz
Ihr Herz muss für den Veränderungswunsch schlagen. Sie müssen verliebt in den Plan sein, oder sich in einen Plan verlieben. Früher war es mein Ziel, aus Mannheim wegzuziehen, am liebsten nach Wien. Nun bleibe ich hier. Mir wurde mit der Zeit klar, dass ich mich entscheiden und an einem Ort Wurzeln schlagen will. Die Veränderung hat sich also gewandelt und mein Ziel ist jetzt nicht mehr, zu gehen, sondern Mannheim wieder mehr zu lieben. Ich möchte nämlich gerne da sein, wo ich bin. Wie kann das geschehen? Was kann ich tun, um Mannheim wieder mehr zu lieben? Ich habe Schritte gesetzt, um dieses neue Ziel zu erreichen, indem ich die Stadt mit neuen und offenen Augen entdecke und mich bewusst auf neue Menschen einlasse. Wie Sie

merken, ist auch das ein Plan. Mein Herz muss für den Plan hüpfen, damit mein Wunsch sich erfüllt.

7. Passt Ihr Ziel zu Ihren Werten?

Welche Werte sind für Sie wichtig? Denken Sie an: Unabhängigkeit, Freiheit, Sicherheit, Freude, Liebe, Harmonie, Glück, Gerechtigkeit, Sinn, Sicherheit, Dynamik …

Passen Ihre Lebenswerte zu Ihrem Wunsch oder Ziel? Wenn Sie so gerne anders im Sinne von »risikobereiter« wären, einer Ihrer wichtigsten Werte im Leben jedoch »Sicherheit« darstellt, bedeutet dies einen Zielkonflikt. Einerseits möchten Sie dann etwas wagen, andererseits am liebsten nicht. Es gibt Nuancen, die dazwischen liegen, das haben Sie im Kapitel »Wie Sie mit dem ABER umgehen« gelernt. Wichtig ist es, dass Sie es merken, wenn ein innerer Konflikt vorliegt. Passen Sie Ihr Ziel Ihren Werten an. Übrigens, auch Werte verändern sich von Zeit zu Zeit. Was einmal sehr wichtig war, muss es nicht zwangsläufig heute noch sein.

8. Lachen Sie genug?

Sind Sie vergnügt, wenn Sie an Ihr Ziel, Ihren Wunsch denken? Oder könnte ein wenig Humor bei der Lösungssuche helfen? Wie würden Sie Ihr Ziel erreichen, wenn Sie ein Witzbold, Kabarettist oder Clown wären? Was würde geschehen, wäre der Weg zur Zielerreichung der Stoff einer Komödie? Pläne, die Spaß machen, erfüllt man mit doppeltem Elan.

9. Denken Sie »hin zu« oder »weg von«?

Das ist eine kleine Tücke, die mir immer wieder begegnet. Menschen möchten anders sein und beschreiben das Ziel in Form von einer Art Vermeidung. »Ich möchte weniger zurückhaltend sein«, »Ich will nicht mehr so viel fernsehen«, »Ich will nicht mehr so unbelesen sein«. Das Unterbewusstsein kann damit wenig anfangen. Wenn Sie nicht zurückhaltend sein wollen, was dann? Weniger Fernsehen – was wird mit der Zeit gemacht? Und unbelesen, um was geht es? Bücher, Zeitung, Magazine? Wie viele Buchstaben dürfen es denn sein? Beschreiben Sie Ihren Wunsch eher in Form von »hin zu«, denn jetzt ist viel Platz für eine kreative Lösungssuche.

10. Mangelt es Ihnen an Mut?
Haben Sie ein wenig Angst, dass das Ziel sich erfüllen könnte? Dass Sie *es* schaffen könnten, ganz real und ganz tatsächlich? Da hilft nur eins, sprechen Sie mit Ihrer Angst. Fragen Sie den Teil in sich, was er Ihnen mitteilen, wovon er Sie behüten möchte. Vielleicht geben Sie ihm einen Namen. »Mein kleines Angst-Sabinchen will, dass ich mich nicht verzettele und dann zu gar nichts mehr komme.« Das ist ein schlaues Sabinchen, oder? Besser den Plan noch mal durchdenken. »Das habe ich, eigentlich ist alles klar, durchdacht und gut.« Dann kann es sein, dass Sabinchen die Veränderung per se nicht mag. Dass es ihr Furcht macht, wenn sich überhaupt etwas bewegt. Das klamme Gefühl taucht oft auf, wenn eine Veränderung droht, denn der uralte Teil in unserem Gehirn findet, dass Veränderung nichts als Ärger und Bedrohung mit sich bringt. Wer sich in der Urzeit veränderte, war eine Bedrohung für die Sippe, weil er ein Sonderling werden konnte und damit nicht mehr einschätzbar für andere war. Es konnte also sein, dass man aus der Sippe rausgeschmissen wurde, weil die eben nur Neandertaler aus ein und demselben Förmchen wünschte. Jetzt haben wir aber eine andere Zeit.

»Sagen Sie das Ihrem Sabinchen«, schlage ich in diesem Fall vor. »Sagen Sie ihr, dass Sie dankbar für den Hinweis sind, aber alles gut überlegt und überprüft haben. Sprechen Sie sich und diesem ängstlichen Anteil Mut zu, indem Sie sich erzählen, warum der Plan klappen wird. Und dann schicken Sie Sabinchen zur Erholung an die See. Sollte Sabinchen erneut Angstgedanken streuen, dann können Sie zu Ihrem inneren Angsthäschen sagen: »Ei, Sabinchen, du bist doch in den Ferien … für dich hab ich jetzt keine Zeit. Ich melde mich später. Versprochen!« Aber, Sie erinnern sich, das müssen Sie dann auch tun! So oder so: Sabinchens haben sehr gute Gefahren-Seismografen und die sind für die Überprüfung von Zielen eine ziemlich wichtige Unterstützung.

11. Beraten Sie sich mit Ihrem inneren Team!

Wie Ihre inneren Stimmen Sie bei der Verwirklichung Ihrer Ideen unterstützen können, haben Sie im Kapitel 5 gelesen. Hier noch einmal zur Erinnerung: Die inneren Anteile wollen sich grundsätzlich gewürdigt fühlen – so wie die Mitglieder eines Teams auch, die z.B. in einer Teamsitzung nacheinander ihre Meinung zu etwas abgeben dürfen. Berichtigungen wie »Das stimmt doch gar nicht!«, abwertende Bemerkungen wie »So ein Blödsinn!« oder »Du schon wieder!« oder auch Besserwisserei »Das sagst du ja nur, weil …« kommen weder bei inneren, noch bei äußeren Teams gut an.

Respekt und Dank etwa sind ganz wichtige Motivatoren, die auch Ihre inneren Anteile gerne entgegennehmen. Auch ein gutes Verhältnis zu sich selbst entwickelt sich nur über solche positiven Botschaften!

Manchmal haben gewisse innere Teammitglieder Ihnen auf den ersten Blick nichts Wesentliches mitzuteilen. Wie der Seppel oder das Kasperle der Puppenbühne eben auch oft nur ablenken oder Blödsinn machen möchten. Es gibt aber dennoch immer einen Sinn. Vielleicht möchte Ihr inneres Kasperle, dass Sie sich noch nicht gleich entscheiden? »Wofür ist das gut? Warum möchtest du mich ablenken?«, könnten Sie dann fragen, und es könnte durchaus sein, dass Sie eine Antwort erhalten, die Ihnen deutlich macht, dass das Kasperle eine gute Idee hatte, indem es Sie zu einer Denkpause animierte.

12. Oder wünschen Sie sich echte »Spielkameraden«?

Gemeinsam macht vieles mehr Spaß. Sport, Abnehmen, Lernen, Theater, Musik, Kunst. Je nachdem, was Sie gerne verändern möchten – möglicherweise gibt Ihnen das Zusammensein mit anderen den richtigen Kick. Schauen Sie sich um, fragen Sie nach, suchen Sie im Netz, es gibt sicher einige Menschen, die denselben Wunsch haben wie Sie. Ein Netzwerk hilft beim Durchhalten, ein Tandem zu bilden, ist eine super Begleitung. Bei Letzterem wählen Sie sich einen Verbündeten, einen Menschen, der auch ein Ziel verfolgt und tauschen sich alle drei Monate aus. Eine Woche erzählen Sie von Ihren Fortschritten oder bitten um Unterstützung, die nächste Woche ist Ihr Tandempartner dran.

Die drei Monate sind ein Erfahrungswert von mir. Gelegentlich kann man lesen, dass es eine Zeit von 21 bis 28 Tagen braucht, bis sich ein neues Verhalten in uns etabliert. Eine andere Zahl, die man immer wieder liest ist 66. So viele Tage bei täglichem Training würde es brauchen, bis eine neue Handlung oder Haltung sich in Gewohnheit verwandelt. Ist das alte Verhalten fest verankert, kann es auch schon mal länger dauern. Wie auch immer: Mit drei Monaten haben Sie alle Zeitspannen in der Tasche.

13. Gibt es verschiedene Hochzeiten, auf denen Sie tanzen sollen?

Wenn Sie einen eigenen Weg verfolgen, kann das mit sich bringen, dass Sie anderen Menschen eine Bitte abschlagen müssen oder ein Thema vertagen. Das bedeutet, Sie müssen »Nein« sagen, auch wenn es noch so schwerfällt. Gut möglich, dass das Ihr Gegenüber nicht versteht, oder verstehen will. Das eigene Selbstbewusstsein zu nähren, verlangt aber, dass Sie nicht mehr »Ja« sagen, wenn Sie »Nein« meinen. Zu einem »Nein«, das erzählen mir insbesondere Frauen immer wieder, müssen Sie sich eher überwinden. Es ist häufig weniger die Furcht vor Repressalien, die Frauen zu einer Zustimmung bringt, als eher ein Gefühl, es recht machen zu wollen und verantwortlich zu sein. Dabei spielt es keine Rolle, ob die Aufgabe im privaten oder geschäftlichen Bereich gestellt wird. Frauen sind grundsätzlich bereit, viel zu tragen, auch wenn sie am Schluss alleine auf einer Aufgabe sitzen bleiben, denn: »Eine muss es ja schließlich machen!«

Genauso wie wir uns selbst beibrachten, zu schnell »Ja« zu sagen und uns verantwortlich zu fühlen, können wir auch wieder lernen, mehr auf uns selbst zu achten und zu überprüfen, wann wir wirklich eine Aufgabe übernehmen möchten oder einer Bitte nachkommen.

Was hilft, ein Nein auszusprechen?

* Sich selbst klarmachen, warum man etwas nicht möchte.
* Nachfragen: »Warum möchtest du, dass ich das übernehme?«
* Alternativen im Kopf haben.
* Sich nicht für alles verantwortlich fühlen.

* Nicht in fremde Köpfe hineinfantasieren, sondern eher um Klärung bitten.
* Die Konsequenzen des Neins überlegen und abwägen.
* Um eine Denkpause bitten.
* Wenn man möchte: die Ablehnung erklären.
* Eigene Bedürfnisse aussprechen.

14. Fake it, until you make it

Tun Sie doch einfach mal so, als ob Sie schon realisiert hätten, wovon Sie träumen. Dieses »als ob« ist eine wunderbare Probebühne. Spielerisch können Sie dabei testen, wie es sich anfühlt, so zu sein, wie Sie es sich wünschen. Wenn Sie gerne glamouröser wären, dann bewegen Sie sich doch mal in einem Luxuskaufhaus und spielen reich sein. Wenn Sie meinen, Sie müssten mehr Durchsetzung zeigen, dann tun Sie so, als wären Sie ein Draufgänger. Mimen Sie den Geduldigen, wenn Sie ungeduldig sind und tun Sie als wären Sie ein Streber, obwohl Sie sich stinkfaul fühlen. Proben Sie den Echtzustand. Ihr Unterbewusstsein und das Gehirn können nämlich nicht unterscheiden, was echt ist und was nicht, sondern werden die Situationen als wirkliche Erfolgsmomente abspeichern, auf die Sie sich ein anderes Mal beziehen können. Es hilft Ihnen also bei Ihrer Veränderung ungemein, immer mal wieder zu spüren, wie sich der neue Zustand anfühlt.

15. Feiern Sie Ihren Erfolg!!!

Dieser Aspekt wird am häufigsten vergessen. Veränderungswillige Menschen stürmen von einem Gipfel zum anderen, ohne, wie wirkliche Bergsteiger, dort ein Kreuz aufzustellen, eine Fahne zu hissen oder einmal ins Panorama rundherum zu jodeln. Wenn schon ein Jodeldiplom, dann sollte es eines für Erfolge geben. Denn warum sollte Sie Ihr Unterbewusstsein bei einer Veränderung unterstützen, wenn Sie es ja doch nicht merken? Feiern Sie sich selbst, wenn Sie etwas geschafft haben und sei es ein Etappensieg. »Lob dich selbst, sonst lobt dich keiner!« – sage ich in dem Fall gern zu mir.

16. Und wenn es einen Rückfall gibt: Verzeihen Sie sich!

Sich selbst immer mehr anzunehmen heißt zu akzeptieren, dass wir Menschen fehlerhaft sind, es manchmal an Durchhaltevermögen mangelt und Rückfälle oder Fehler passieren. Wenn Sie eigentlich gerne ganz anders wären, dann heißt es, Schwächen und Fehler liebevoll zu betrachten und in ihnen eine Art Hinweis zu sehen. Ein Rückfall kann Sie aufhalten und er kann der ängstliche oder mahnende Teil in uns sein, der uns auf etwas aufmerksam machen möchte. Ein Fehler kann ein Zeichen dafür sein, dass etwas noch nicht zu Ende gedacht wurde. Nähern Sie sich Ihrem Rückschritt an und werfen Sie einen Blick hinter den Vorhang der Fehlerkulisse. Was möchte Ihnen die Situation erzählen? Wofür ist sie gut? Vielleicht kann Ihnen ein anderer Mensch einen weiteren Hinweis geben, wenn Sie den Rückfall besprechen. Keine Sorge: Zu seinen Schwächen zu stehen, imponiert anderen Menschen! Wie lautet einer meiner liebsten Sprüche: »Kleine Fehler erhalten die Freundschaft«, denn alle Menschen machen Fehler und erleiden Rückfälle. Und wo Sie einen zugeben, hat ein anderer Mensch einen gut. Das ist die simple Rechnung, die kleine Fehler oft sympathisch macht.

Vielleicht wollen Sie so bleiben wie Sie sind – nur mit ein wenig mehr Selbstsicherheit

Das finde ich wunderbar, dass Sie sich für sich entschieden haben, denn es gibt genug Menschen, die »anders« werden wollen. Und da das Buch schon sehr weit fortgeschritten ist, gehe ich davon aus, dass dies eine sehr bewusste Entscheidung ist. Vielleicht haben Sie eine vermeintliche Schwäche durchleuchtet und kamen zu dem Schluss: »Ach, so schlecht bin ich doch gar nicht. Ich will nicht anders werden, sondern eher meine guten Seiten pflegen und offener zeigen.« Es ist eine Sache, das zu denken und eine andere, es laut auszusprechen. Richtig stehen wir dann zu uns, wenn wir anderen Menschen von uns erzählen können. Von den tollen Seiten, die wir haben, und auch von den weniger tollen. Dafür braucht es Selbstannahme und Selbstbewusstsein. Möglicherweise sind es genau diese zwei Geschenke, für die Sie sich jetzt stärker öffnen wollen. Die meisten Menschen denken, dass wir einmal selbstsicher automatisch immer selbstsicher bleiben. Leider ist dies nicht der Fall. Selbstsicherheit ist eine Kunst, und vergleichbar mit einem Garten müssen wir sie regelmäßig hegen und pflegen, damit sie nicht immer wieder von Unkraut überwuchert wird. Doch diese Kunst ist erlernbar. Wie Selbstsicherheit geht, wie man sie fühlt und zeigt, das haben Sie sich in der Kindheit von anderen Menschen abgeschaut. Um zu verstehen, wodurch das eigene Selbstbewusstsein geprägt wurde, lohnt sich daher zu schauen, wie Ihre eigenen Eltern mit Erfolgen und Misserfolgen umgingen. Welche Vorbilder entnahmen Sie Ihrer Umwelt? War die liebste Serienfigur Ihrer Kindheit selbstsicher oder scheu? Oder bewunderten Sie Pippi Langstrumpf, das kleine, starke, selbstbewusste Mädchen – das niemals anders werden wollte? Nicht nur anders zu werden, eine Fähigkeit auszubauen, etwas zu verändern oder etwas Neues zu starten ist ein Weg, sondern auch der Wunsch nach mehr Glanz und Selbstbewusstsein. Es gibt viele Möglichkeiten, dieses Gefühl in sich zu stärken. Ich habe Ihnen hier ein paar Ideen zusammengestellt, mit denen meine Klienten und ich gute Erfahrungen gemacht haben.

1. Sammeln Sie Eigenlob-Sätze

Stellen Sie sich vor, Sie hätten zwei Sparschweine. In dem einen haben Sie über Jahre die Kommentare, Bewertungen und inneren Dialoge gesammelt, die negativ sind, und Sie damit kleinmachen oder kleinhalten. Dieses Schwein ist dick und fett. Das andere Schwein sammelt die Rückmeldungen, die positiv sind und die Sie stärken. Bei den meisten ist dieses Schwein erbärmlich mager. Stellen Sie sich ein echtes Sparschwein gut sichtbar auf, das Sie daran erinnert, ab jetzt so viele Rückmeldungen zu sammeln, bis beide Schweine gleichermaßen dick sind oder Ihr »rosa« Schwein vielleicht noch dicker ist.

Rosa Schwein: wertvolle Aktien, gute Dividende
Graues Schwein: Scheinaktien, schlechter Kurs, Verluste

Sie könnten sich auch ein Buch anlegen, in welches Sie die positiven Rückmeldungen notieren oder diese auf Zettel schreiben und tatsächlich in einem Schwein oder Kästchen sammeln. An schlechten Tagen können Sie sich dann einen Zettel herausziehen – ein Los, das auf jeden Fall gewinnt und weitere Preise nach sich zieht –, denn ein fundiertes Selbstvertrauen bewirkt in der Resonanz, dass auch andere Menschen Ihnen vertrauen.

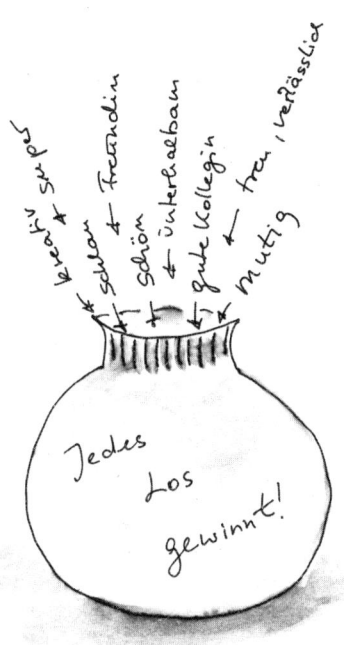

Haben Sie keine Angst vor Selbstüberschätzung und Eitelkeit! Menschen, die sich selbst überschätzen und die eitel sind, lesen Bücher dieser Art nicht, denn sie sind sich selbst genug und stellen sich nicht infrage. Ihre Einstellung hingegen ist sich selbst gegenüber reflektiert. Falls der innere Kritiker Sie mit Sätzen wie »Du Angeber!« oder »So eine Selbstbeweihräucherung!« sabotieren möchte, gehen Sie diesen Kommentaren nicht weiter nach oder nutzen Sie die Wunderwaffe »Fragen«. Hier geht es nicht um »Honig ums Maul schmieren« und »Bauchpinselei«, sondern um Auseinandersetzung und damit: Bewusstseinstraining.

2. Üben Sie Eigenschaften, die Sie stark machen

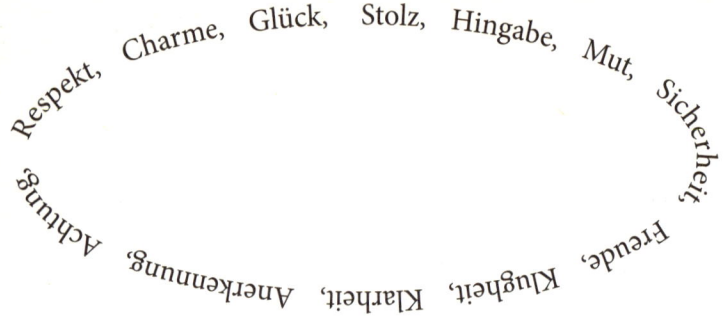

Wählen Sie regelmäßig mit geschlossenen Augen und einem Finger eine der Eigenschaften aus und nutzen Sie diese als Übungseinheit für den Tag, indem Sie sich immer wieder daran erinnern, diese Eigenschaft zu leben, zu spüren und von ihr zu erzählen.

3. Düngen Sie Ihr Selbstvertrauen –
damit das Gute gedeihen kann

Für eine sich selbst unterstützende Haltung legen Sie den Fokus auf das, was Ihnen gelang und glückte und nicht auf das, was fehlt. Indem Sie immer wieder üben, Ihre Selbstsicherheit zu bemerken und festzustellen, dass andere Menschen Sie mögen und respektieren, geben Sie diesem Gefühl den Platz zum Wachsen. So sind Sie mit der Zeit nicht mehr »nur ein bisschen selbstsicher«, sondern bald vielleicht schon »ziemlich« oder »ziemlich gut« und in naher Zukunft schon können Sie lachend sagen »Ja, ich mag mich, mit all den Seiten, die ich habe!«

4. Üben Sie Ihren Umgang mit Fehlern

Dass Menschen aus Fehlern klug werden, ist keine ausgeleierte Entschuldigung für Nachlässigkeit, sondern eine wichtige Einstellung. Nicht umsonst pflegen ambitionierte Unternehmen ganz besonders die Fehlerkultur. In Fehlern, die durchdacht werden, steckt der Erfolg der Zukunft. Fehler sind nur dann blöd, wenn daraus ein »dumm gelaufen« wird. Das ist dann nämlich nicht durchdacht. Analysieren Sie Ihre Fehler und ziehen Sie Schlüsse für die Zukunft. Lernen Sie daraus, dann machen Fehler klug. Im Übrigen, zu seinen Fehlern zu stehen und zu wissen, dass man ein fehlerhafter Mensch ist, zählt zu den größten Anziehungsmagneten. Ich bekomme sehr oft Rückmeldungen, dass Menschen mich schätzen, weil ich meine Schwächen und Fehler nicht verberge, sondern humorvoll dazu stehe. Misserfolge sind für mich nichts anderes als Situationen, die durchdacht werden müssen. Daraus ergeben sich dann ein neuer Weg und eine Entscheidung, die zukünftige Fehler und Misserfolge vermeidet. Andere werden Sie beobachten und gerne von Ihnen lernen, wie man mit Fehlern umgeht, und dass es eine veraltete Reaktion ist, wenn man ein Fehlergeständnis mit »Ja, ja, du machst keine Fehler, was?« beginnt. Bleiben Sie bei sich, stehen Sie zu Ihren Schwachpunkten und lassen Sie sich von mir sagen: Kleine Fehler erhalten die Freundschaft!

5. Lernen Sie Nein sagen und üben Sie damit Abgrenzung

Kaum steht eine Anfrage oder Bitte im Raum, hören sich viele Menschen Ja sagen, selbst wenn sie gar nicht direkt angesprochen werden. Zu einem Nein müssen sich die meisten eher überwinden. Sie möchten nicht unwirsch wirken, ablehnend sein oder als Dickkopf gelten. Klienten berichten mir, sie würden durch die Zustimmung Verantwortung zeigen wollen. Nicht wenige erwarten oder erhoffen sich ein Lob. Manche möchten es auch allen recht machen, damit die gute Stimmung erhalten bleibt. Dabei spielt es keine Rolle, ob die Bitte oder Anfrage im privaten oder geschäftlichen Bereich gestellt wird. Wenn bei Ihnen fremde Belange häufig Ihre Entscheidung steuern, das heißt, wenn Sie merken, dass es Ihnen wichtiger ist, wie andere reagieren und Ihr Bedürfnis hintenanstellen, dürfen Sie Ihr selbstbewusstes Nein auf jeden Fall polieren.

Wirklich selbstbewusste Menschen nehmen nur die Aufgaben an, die sie annehmen wollen und zu deren Erfüllung sie fähig sind.

Ein selbstbewusstes Nein braucht Überlegung, denn es unterscheidet sich vom bockigen Nein durch Reflexion.

* Warum kann ich das nicht übernehmen?
* Was bräuchte ich, wenn ich es übernehmen soll? Mehr Zeit, mehr Wissen, ein besonderes Equipment, Unterstützung…?

Je besser Sie wissen, aus welchen Gründen Sie eine Bitte oder einen Auftrag ablehnen, desto sicherer sind Sie, sollte Ihr Gegenüber Fragen haben. Ein achselzuckendes »Ich weiß nicht. Ich mag halt nicht«, wird Sie in endlose Diskussionen verstricken, die letztlich zu dem Gedanken führen: *Ach, ich bin nicht selbstbewusst. Ich habe Nein gesagt und nun habe ich mich trotzdem wieder überreden lassen.* Doch es war nicht mangelndes Selbstbewusstsein, sondern Sie hatten sich Ihr Nein nicht wirklich überlegt. Mit einem reflektierten Nein lassen Sie sich nicht einfach überreden, denn Sie haben dann durchdachte Argumente zur Hand.

Genauso wie wir uns selbst beibrachten, zu schnell Ja zu sagen und uns für andere Belange verantwortlich zu fühlen, können wir auch wieder lernen, mehr auf uns selbst zu achten und zu überprüfen, wann wir wirklich eine Aufgabe übernehmen möchten. Auf welche Weise können wir im beruflichen Umfeld eine Aufgabe ablehnen oder zur Diskussion stellen, ohne dass wir uns wie Arbeitsverweigerer fühlen oder befürchten, als solche gesehen zu werden?

Was hilft, ein Nein auszusprechen?
* Nachfragen: »Was möchtest du genau?«
* Einen Auftrag, eine Bitte prüfen.
* Die eigenen Grenzen anerkennen.
* Kurz nachdenken.
* Abwägen.
* Die Antwort vertagen.
* Einen Gegenvorschlag machen.
* Alternativen suchen.
* Gemeinsam eine Lösung finden.
* Die eigenen Bedürfnisse respektieren.

Das bedeutet auch, dass Sie bei sich und Ihrem Nein bleiben, wenn andere Menschen beleidigt oder verärgert sind. Einer wird dann sowieso immer in schlechter Stimmung sein, entweder Sie, weil Sie wieder eingelenkt haben oder der andere.

Wenn Sie sich aber zu einem Ja nach einem gesagten Nein entschließen, dann sollten Sie dies wirklich wollen und Ihrem Gegenüber transparent erklären. »Weißt du, ich wollte erst nicht, dann habe ich nachgedacht und bin zu folgendem Schluss gekommen …«

6. Erfreuen Sie sich an sich selbst

Stolz auf sich selbst zu sein, ist ein schönes Gefühl. Menschen, die so richtig stolz auf sich sein können, wissen um ihre Fähigkeiten und das, was sie von anderen unterscheidet. Das ist für mich das genaue Gegenteil von Eitelkeit. Eitle Menschen bilden sich nur ein, etwas zu haben, worauf sie stolz sein können, und sie brauchen Lob und Applaus von außen, um sich gut zu fühlen. Wer auf sich selbst stolz ist, der hat einen echten Grund dazu. Ein – für Sie positiver – Vergleich liegt dem Stolz auf sich selbst zugrunde, und diesen Vergleich können nur Sie selbst anstellen. Dazu braucht es nicht unbedingt das Lob von außen. »Ich bin stolz auf mich!« bedeutet, dass Sie genau wissen, was Sie selbst in diesem Augenblick geleistet haben.

Stolz erfreut sich am eigenen Können, einer Leistung, einem Teil des Wesens, der eigenen Persönlichkeit. Man kann Stolz niemandem beibringen. Er meldet sich von sich aus, ähnlich wie Freude oder Trauer. Er lässt sich nicht unterbinden, nur unter- oder wegdrücken. Und wird das versucht, meldet er sich dennoch immer wieder. Man kann sich den Stolz wegziehen, aber warum sollte man auf ihn verzichten? Gesunder Stolz unterstützt Sie darin, sich wertvoll zu fühlen, auf sich zu achten und eigene Entscheidungen zu respektieren.

Welche Emotionen melden sich bei Ihnen, wenn Sie denken »Ich bin stolz auf mich!«

Welche inneren Sätze hören Sie?

Wie würde es sich anfühlen, wenn Sie gründlich stolz wären?

Gibt es Verbindungen zu anderen Menschen, die sich ändern oder lösen würden, wenn Sie Liebe für und Stolz auf sich ausleben würden?

Freundlicher Stolz ist ein Magnet. Menschen, die stolz auf sich sind und nicht alles mit sich machen lassen, sind anziehend. Sie sind wie Leuchttürme in einer Welt, in der sich viele ducken und ihr Licht unter den Scheffel stellen, um gut behandelt zu werden. Freundlich stolze Menschen zeigen, dass man sich nicht ändern muss, nur um andere nicht zu verunsichern. Sie stehen zu sich, wissen, dass sie gut sind und arbeiten nur an denjenigen Facetten ihrer Persönlichkeit, an denen sie auch aus Überzeugung arbeiten wollen. Nicht, um bei anderen anzukommen, sondern um bei sich selbst zu sein.

Betrachten Sie sich als eine Marke!

Es gibt viele Menschen, die unangepasst sind, anders wirken oder aus der Reihe fallen. Ich passte fast nie in eine Reihe hinein und war damit ganz oft das rosafarbene Entchen. Es gibt drei Möglichkeiten damit umzugehen.

* Sie können versuchen sich anzupassen.
* Sie können traurig sein, dass sie nicht dazugehören.
* Oder Sie werden zu etwas sehr Besonderem.

Das sehr Besondere muss sich nicht auf alle Lebensbereiche erstrecken, sondern es kann ein Punkt in Ihrem Leben sein, eine Seite, eine Facette.

Es gibt eine Haltung, die Ihnen ermöglicht, anders zu sein und das ganz selbstbewusst zu zeigen. Es gelingt Ihnen, wenn Sie eine Marke werden. Oft macht uns gerade das, was wir verändern wollen, einzigartig!

»Was man nicht verbergen kann, das muss man zeigen«, lautet eine alte Theaterregel. Wenn zum Beispiel ein Stuhl auf der Bühne vergessen wird, dann muss man ihn spontan ins Stück einbauen, und schon fällt er nicht mehr als störend auf. Versucht man aber, den Stuhl zu ignorieren, starrt das Publikum darauf. Was für Stühle und Requisiten gilt, die vergessen wurden und sich mit dem Hochgehen des Vorhangs auf der Bühne zeigen, gilt auch für Angewohnheiten, Eigenheiten oder bestimmte Äußerlichkeiten. Alles dreht sich, wenn Sie Ihre Macke nicht mehr verbergen wollen, sondern zeigen. Ja, wenn Sie sogar so tun und bestenfalls auch daran glauben, dass alles stimmig, richtig und unbedingt gewollt ist. Erinnern Sie meine Macke, immer am Kaffee herumzunörgeln? Seit ich mir dessen bewusst bin, habe ich es zu meinem Markenzeichen erklärt und finde meinen kritischen Umgang mit dem Kaffee sehr amüsant und pflege diese Macke bewusst. Das heißt, wenn auch spät in diesem Buch, dafür aber umso deutlicher: Es gilt, ein Markenbewusstsein zu etablieren und zu zeigen. Tragen Sie Ihre Nase ruhig ein wenig hoch, auch dann, wenn andere auf Sie herabsehen oder Sie bekritteln.

Die Vorteile, eine Marke zu sein:

* Sie werden mehr gesehen und wahrgenommen.
* Bestimmte Facetten müssen nicht mehr versteckt werden.
* Die Kontaktaufnahme zu anderen Menschen wird erleichtert, Sie kommen besser an – denn Sie stehen zu sich und finden sich im besten Fall klasse.

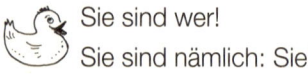 Sie sind wer!
Sie sind nämlich: Sie!

Wie bei einer richtigen Markenstrategie, sollten Sie wissen, was Sie zu einer Marke macht:

1. Frage
Wären Sie eine Marke (so wie Porsche, Nivea oder dm) – was würde Sie als Marke einzigartig machen?

_____

_____

_____

_____

Es gibt unglaublich viele Autohersteller und unzählbar mehr Kosmetikproduzenten. Wenn eine Creme auf den Markt gebracht werden soll, dann muss für das Unternehmen klar sein, worin sich diese Creme von anderen unterscheidet.

2. Frage
Wodurch unterscheiden Sie sich von anderen Menschen?

_____

_____

_____

_____

Natürlich muss man darüber hinaus noch eine Priorität haben. Also das ganz Besondere, der Glanz. Was ist das denn bei Ihnen? Können Sie andere zum Lachen bringen oder gut auf den

Tisch hauen, bleiben Sie noch überlegt, wenn alle schon durchdrehen, können Sie gut singen, tanzen, Feste arrangieren? Was ist es? Was ist Ihr USP – Ihr Unique Selling Proposition?

Falls Ihnen dazu nichts einfällt, dann fragen Sie mal in die Runde. Lassen Sie sich mit einem Satz beschreiben. Erstens ist das interessant, zweitens ziemlich häufig überraschend und drittens erfährt man eine Menge über das Bild, das andere Menschen von einem haben.

3. Frage
Was ist Ihr USP?

_____

_____

_____

_____

Und der letzte Punkt: Auf welche Weise wollen Sie sich auf dem Markt einführen (mit einem Knall, schleichend, gelegentlich, bewährt und immer zu haben) und mit welchen Emotionen sollen die Menschen an Sie denken? (Geborgenheit, Fremdheit, Nähe).

4. Frage
Wie sehen Sie sich auf dem Markt? Gestalten Sie dafür eine Kurve.

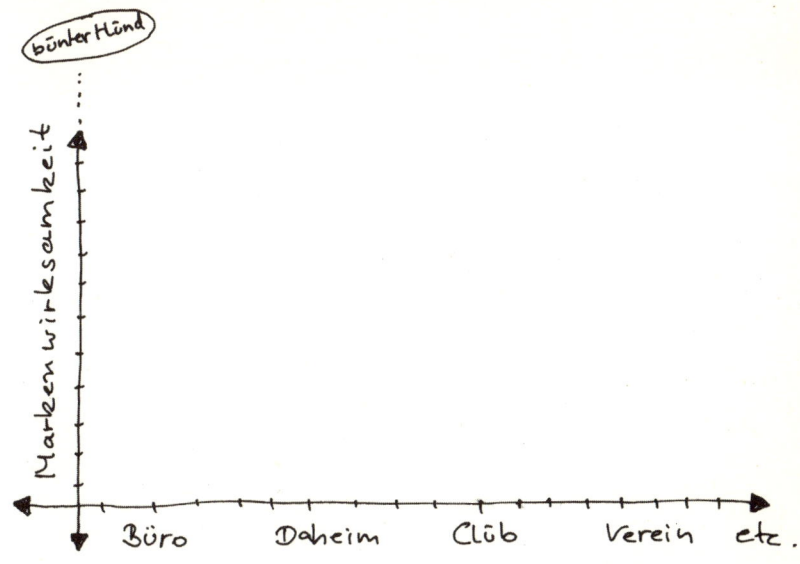

Nein, es fällt mir noch eine wichtige Frage ein: Wofür ist es gut?

Sie müssen einen Wert, einen Sinn darin sehen, dass Sie eine Marke sind. Ansonsten ist die Gefahr sehr groß, ein »No-Name« oder noch schlimmer, ein »Me-too-Produkt« zu werden.

Würde ich mich anpassen und wie andere Beraterinnen werden, dann wäre es in etwa so, als würde man Pippi Langstrumpf eine Föhnfrisur verpassen. Anders als viele meiner Kollegen, habe ich weder fertige Mappen noch PowerPoint-Präsentationen oder Vorlagen jeglicher Art. Ich besitze keinen Businesskoffer, sondern viele sehr große und sehr unordentliche Taschen. Wenn ich auf der Bühne spreche, dann spiele ich mit meinem Mannheimer Dialekt, weil der ein Teilaspekt meines Markengedankens ist. Mein Anderssein ist meine höchste Hürde und gleichzeitig mein USP. Wer mit mir arbeitet, wählt bewusst mich, weil er bereits genug Berater getroffen hat, die alle aus dem immer gleichen Förmchen stammen.

Wer sich selbst als Marke sieht, tritt selbstbewusster auf, zeigt Freude an sich selbst, wirkt oft natürlich und hat seine persönliche Fehlerhaftigkeit nicht nur akzeptiert, sondern versteht sie auch zu nutzen, egal ob das ein Dialekt ist, Vergesslichkeit, das private Chaos oder dass man erst einmal einen Witz erzählen muss, bevor die Arbeit startet. Was immer Sie auch als Markenzeichen wählen, zeigen Sie es nicht nur, sondern zeigen Sie es stolz. Mit der Zeit wird sich Ihr Markenzeichen etablieren und so lange die Menschen neugierig und positiv reagieren, liegen Sie mit Ihrer Marke richtig.

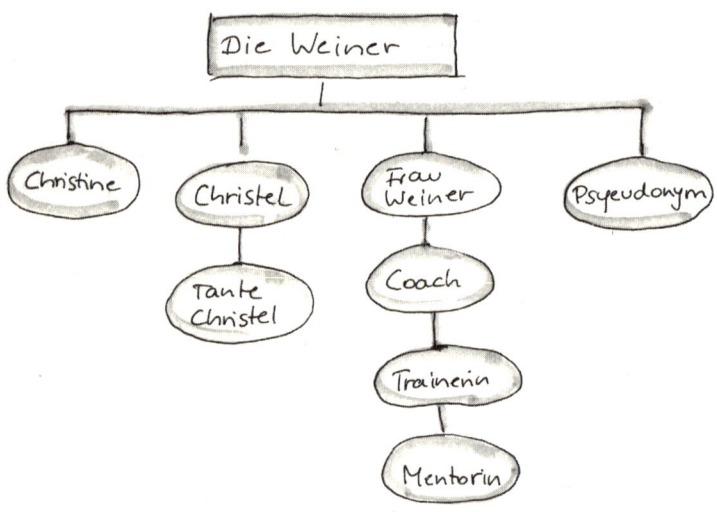

Ihre Marke muss sich dabei nicht nur auf einen einzigen Aspekt stützen. Vergleichen Sie dies mit der Marke dieses Buchverlags. Wenn Sie auf die Webseite des Ariston Verlags gehen, dann erkennen Sie, dass Random House ein Dach ist, dem viele Verlage und so auch der Ariston Verlag angehören. Auch Ihre Marke darf mehr als ein Produkt, eine Facette, eine Seite haben.

Wenn Ihre Marke weitere Untermarken hätte – welches Unternehmen wären Sie?

Da Sie mich nun schon ein wenig kennen, wissen Sie, dass ich nun zur anderen Seite der Medaille komme. Eine Marke zu sein, bedeutet auch, auf andere wirken zu wollen, denn eine Marke ist man nicht für sich. Deswegen werden auch in der Werbung und von Unternehmen Produkte immer wieder überprüft. Auch Marken können sich überholen, überflüssig werden oder vergehen. Marken können auch wiederkommen, wie die Mode aus einer anderen Zeit. All dies braucht aber einen wachen, aufmerksamen Blick. Seien Sie also nicht nur eine Marke, sondern ein Beobachter des Marktes. Sie haben sich für ein bestimmtes Markenzeichen entschieden – klug ist, wenn Sie immer wieder fragen, ob es Zeit für einen Relaunch und damit für eine Veränderung ist. Auch wenn man bleiben will, wie man ist, muss man nicht verknöchern und verharren. Sie dürfen sich immer wieder neue Ziele stecken, ja gerade dadurch zeigen Sie, dass Sie nicht nur anders sind, oder anders werden wollen, sondern dass Sie das Leben als eine fortlaufende Kette von vielfältigen Möglichkeiten betrachten.

Der Fragenkatalog
zur Selbstreflexion

Jedes Coachinggespräch ist so gut wie die Fragen, die darin gestellt werden. Was für Coachingstunden gilt, die Sie bei einem Experten buchen, gilt auch für Ihre Zeit mit sich selbst. Manchmal mangelt es an Fragen, nicht etwa, weil man kein Experte für sein eigenes Leben wäre, sondern weil für viele Reflexionsrunden mit sich selbst noch ungewohnt sind und es dadurch an Übung fehlt. Wie auch immer Ihre Situation ist, ob Sie eine kleine Anregung wünschen, Lust auf bestimmte Vorgaben haben oder gerne Input für Übungsstunden hätten, im Folgenden finden Sie einen Fragenkatalog, der durch verschiedene Lebenssituationen führt und der als Bereicherung und Impuls für Sie gedacht ist.

Reflektierende Fragen zu Ihrem Leben

* Wer war der wichtigste Mensch, den Sie im Laufe des letzten Jahres kennengelernt haben?
* Was haben Sie von diesem Menschen gelernt?
* Wofür war diese Begegnung wichtig?
* Leben Sie das, was Sie von diesem Menschen gelernt haben?
* In welchen Bereichen?
* Wenn nicht, gibt es einen Grund dafür?
* Ist dieser Mensch ein Vorbild für Sie?
* Gibt es andere, weitere Vorbilder?

* Welche Menschen haben Sie in letzter Zeit weniger als sonst getroffen und warum?
* Welche Freundschaften sind belebt und energiegeladen, welche nicht?
* Möchten Sie in flaue Freundschaften wieder Energie bringen?
* Wenn ja, wie könnte das gehen?
* Welchem Menschen trauern Sie nach und warum?
* Wie kann das Leben, das in dieser Beziehung war, weitergelebt werden, auch wenn dieser Mensch nicht mehr in Ihrem Leben ist?
* Welche Beziehung haben Sie in letzter Zeit vernachlässigt?
* Möchten Sie diese Beziehung wiederbeleben? Und was könnte Sie dazu motivieren?
* Welcher Mensch inspiriert Sie derzeit?
* Wodurch?
* Auf welchen Menschen hatten Sie eine inspirierende Wirkung?
* Wodurch?
* Was muss geschehen, damit Sie sich vom Leben beschenkt fühlen?
* Was können Sie dazu beitragen, damit das Leben Sie beschenkt?

Reflektierende Fragen zu Ihrer Beziehung

* Wie wichtig ist Ihnen Liebe?
* Was würde Positives geschehen, wenn Sie der Liebe in Ihrem Leben mehr Raum schenken würden?
* Wenn Ihnen etwas in den Sinn kommt, das Ihre Liebe belasten könnte, können Sie damit umgehen?
* Wie leicht ist Ihre Liebe?

* Wo würde Ihr Herz gerne hinfliegen?
* Ist es dort willkommen?
* Was können Sie tun, denken, machen, damit Ihr Herz vergnügt wird?
* Wären Sie gerne Ihr eigener Partner?
* Könnten Sie sich in sich selbst verlieben? Wenn ja, warum?
* Wann haben Sie Ihren Partner das letzte Mal bewusst glücklich gemacht?
* Haben Sie heute Ihren Partner schon angelächelt?
* Haben Sie heute schon Ihrem Partner eine positive Rückmeldung gegeben?
* Können Sie davon ausgehen, dass Ihr Partner auf freundliche Signale von Ihrer Seite positiv reagiert?
* Wenn ja, senden Sie Ihrer Meinung nach so viele positive Signale, dass Sie dadurch glücklicher werden?
* Wenn nein, warum senden Sie keine positiven Signale?
* Welche Erkenntnis bringt Ihnen diese Reflexion?

Reflektierende Fragen zu Ihrem Beruf
* Was treibt Sie an?
* Was kann Sie motivieren?
* Was muss passieren, damit Ihr Beruf Sie glücklich macht?
* Wie oft spüren Sie einen »Flow«?
* Was können Sie selbst dafür tun, damit der »Flow« entstehen kann?
* Wann werden Sie damit beginnen, diesen »Flow« bewusst in Ihrem Arbeitsalltag einzubauen?
* Wenn Sie neu beginnen könnten, welchen Beruf würden Sie wählen?
* Was möchten Sie im Leben unbedingt noch lernen?

* Wann fangen Sie damit an?
* Welcher Lernmotor in Ihnen springt bei welchem Impuls an?
* Angenommen, ein neuer Beruf würde in einem völlig anderen Feld liegen als dem, in dem Ihr derzeitiger Beruf liegt. Welches Feld würde das sein?
* Wenn Sie in einem anderen Land arbeiten dürften, welches Land würden Sie sich auswählen?
* Was würden Sie dort machen?
* Könnten Sie diese Tätigkeit auch hier, in Ihrem näheren Umfeld angehen?
* Wenn ja, warum gehen Sie der Tätigkeit dann nicht nach?
* Wenn nein, wo könnten Sie eine Gegend finden, die Ihnen diese Tätigkeit anbietet?
* Wenn ausgeschlossen, welche ähnliche Tätigkeit könnten Sie in Ihrem näheren Umfeld eingehen?
* Welche Sprache würden Sie gerne lernen?
* Welche Fähigkeiten hätten Sie gerne?
* Wofür hätten Sie gerne diese Fähigkeiten?

Reflektierende Fragen zu den Ressourcen Ihrer Kindheit

* Womit haben Sie als Kind gerne gespielt?
* Worin sind Sie als Kind völlig versunken?
* Spielten Sie lieber mit anderen Kindern oder allein?
* Waren Sie ein Stubenhocker, eine Leseratte, ein kleiner Schriftsteller, Musikant?
* Welches war Ihr Lieblingsbuch als Kind?
* Welches Ihr liebstes Motiv?
* Was haben Sie als Kind geschrieben?

* Mit welchem Instrument haben Sie am liebsten musiziert?
* Haben Sie gerne gebastelt? Wenn ja, was?
* Waren Sie ein Naturkind?
* Was haben Sie in der Natur gemacht?
* Haben Sie geforscht, Baumhäuser oder Lager gebaut, hatten Sie ein Beet, spielten Sie im Sand, waren Sie ein kleiner Forscher?
* Oder waren Sie eine Sportskanone?
* Haben Sie sportliche Wettkämpfe ausgetragen oder lieber Gummitwist mit sich allein gespielt, oder hatten Sie Ballspiele am liebsten?
* Hatten Sie ein Rennrad?
* Wenn ja, wo steht es heute?
* Welche Vergnügung aus Ihrer Jugendzeit ist noch heute Bestandteil Ihrer Freizeit?
* Haben Sie ein Hobby aus der Kindheit und Jugend weiterentwickelt?
* Wenn Sie sich einen Tag Kindheit zurückholen könnten, was würden Sie dann unternehmen?
* Könnten Sie das wirklich umsetzen?
* Wenn ja, wann machen Sie das?

Reflektierende Fragen zu Ihrer Spiritualität
* Welche Rituale lieben Sie?
* Warum?
* Was bewirken diese Rituale in Ihrem Leben?
* Wie oft leben Sie ganz bewusst diese Rituale?
* Welche Rituale haben sich abgenutzt und überholt?
* Leben Sie diese Rituale noch immer?
* Hat das einen besonderen Grund?

* Wenn Sie diese Rituale gegen sinnvollere Rituale austauschen würden, welche neuen Rituale würden Sie sich wünschen?
* Fühlen Sie Mut und Liebe in sich brennen?
* Für was genau?
* Gibt es ein Gebet, das Sie gerne sprechen würden, auch wenn es vielleicht keiner hört?
* Glauben Sie an Schutzengel?
* Haben Sie einen Schutzengel?
* Können Sie sich Ihrem Engel anvertrauen?
* Was müsste geschehen, damit Sie sich dem Leben anvertrauen können?
* Welchen Halt können Sie sich schon jetzt selbst ermöglichen?
* Wenn Sie eine Kerze der Dankbarkeit anzünden würden, wofür würde die Kerze stehen?

Und stellen Sie sich auch immer wieder die übergreifenden Fragen des Lebens:
* Was gefällt Ihnen besonders an Ihrem Leben?
* Wovon möchten Sie mehr?
* Welche Fähigkeiten, Seiten, Anteile möchten Sie in Ihrem Leben stärker ausleben?
* Welche Spuren werden Sie auf dieser Welt hinterlassen? Welches ist der »Baum«, den Sie pflanzen?
* Glauben Sie an sich? Wenn ja, in welcher Hinsicht?
* Was würden Sie mir, wenn ich Sie besuchen würde, stolz zeigen oder wovon würden Sie mir voller Stolz berichten?

Nachwort

Es ist jetzt Januar 2012 und ich habe viele Monate mit diesem Buch zugebracht. Mit kaum einem meiner anderen Bücher habe ich mich so beschäftigt wie mit diesem. Ich habe Kapitel umgestellt, ich habe Kapitel neu geschrieben, ich habe Beispiele gesucht, ich habe Beispiele verworfen und ich habe immer wieder aufs Neue versucht, den Gedanken hineinzubringen, den ich ganz am Anfang formulierte, als ich mit dem Verlag das Thema diskutierte: Ja, man kann sich verändern, aber man kann auch so bleiben wie man ist.

Bis zu diesem Tag hatte ich schon viel zu viele Menschen getroffen, die sich verwandeln wollten oder mussten, ohne diesen Weg zu reflektieren. Deswegen war es mir sehr wichtig, Sie immer wieder neu zu fragen, ob Sie eine Veränderung wollen oder nicht.

Ich selbst habe mich in meinem Leben viele, viele Male gehäutet. Hätte ich das nicht gemacht, wäre ich heute noch die Erzieherin, die ich 1985 war. Ich hätte noch die gleichen alten Freunde, ich würde noch in der Pfalz wohnen, in Landau, wo ich meine Jugendjahre verbrachte. Und sicherlich hätte ich nie einen Buchstaben zu Papier gebracht und diesen dann auch veröffentlicht. Der Wandel gehört zum Leben dazu.

Ich möchte gerne, dass Sie den Wandel leichtnehmen. Aber nicht leichtfertig. Es hat immer Gründe, warum wir so sind, wie wir sind. Und es hat immer Gründe, warum wir anders werden könnten. Vielleicht sogar strahlender, vielleicht sogar besser. Ich freue mich über jeden Wandel in meinem Leben. Ich habe den Wandel in meinem Leben immer wieder begrüßt. Meine Lieblingspflanze ist der Walnussbaum. Bei den Bachblüten steht die Walnuss für Wandlung und Veränderung, die auch eingesetzt wird, wenn etwas ins Stocken geraten ist. Gleichzeitig ist der Walnussbaum ein ganz stabiler Baum. Fest im Stamm, feste Wurzeln, eine wunderschöne Krone und wunderbare Früchte trägt er obendrein. Wandel kann bedeuten, in den Himmel zu streben, sich breitzumachen, sich zu zeigen und Früchte zu tragen. Und Wandel kann, ja sollte sogar eine gute feste Wurzel haben. Insofern kann ich sagen, dass ich mich viele Male gewandelt habe und ein Teil von mir auch noch das Kind oder Mädchen ist, das ich einmal war. Viele Momente in meinem Leben geschehen, in denen ich über mich sage: »Jaja, so ist die Christine, so kenne ich sie.« Und dann passiert es aber auch immer wieder, dass ich mich neu erlebe. Und das ist gut so. Denn wenn es so nicht wäre, wär es mir stinklangweilig mit mir selbst. Ich mag es auch, wenn die Menschen um mich sich wandeln. Wenn sie neugierig sind, aus dem Fenster ihres Lebens schauen, und mir davon erzählen, was es in der Ferne und in der Nähe zu sehen gibt. Ich möchte, dass Wandel geschieht. Und je überlegter Wandel geschieht, nicht nur bei Ihnen alleine, sondern auch in der Gesellschaft, umso eher haben wir eine Chance, dass sich alles zum Guten wandelt, so wie wir es uns wünschen.

Insofern würde ich mich freuen, wenn ich Ihnen ein paar Anregungen habe geben können. Blättern Sie doch noch einmal zurück zu Ihrer Zukunftsreise. Wo sind Sie einst gestartet und was hat sich während des Buches in Ihnen und mit Ihrem Ziel verändert? Sind Sie diesem näher gekommen, haben Sie es gar schon realisiert oder ist ein anderer Wunsch aufgetaucht? Wie auch immer, ich wünsche Ihnen, dass Ihr Wandel nicht so langwierig ist, wie dieses Buch geschaffen wurde. Es hat mich viel Mühe gekostet. Ich habe sie aber gerne gegeben. Und irgendwie hätte es mir klar sein sollen, dass man kein Buch über Veränderung schreiben kann, ohne dass es sich permanent selbst verändert. Nun ist es fertig und ich setze den Punkt darunter und weiß doch, sollte ich jemals einen Vortrag darüber halten, würde ich Ihnen sagen, dies und das hätte ich noch gerne verändert. Wissen Sie, das Buch hätte eigentlich ganz anders werden sollen, aber es kommt nun nicht mehr dazu.

Und vergessen Sie's nicht:

Bleiben Sie wie Sie sind
und werden Sie anders:
Aber immer für sich selbst!

Dank

Ich möchte allen danken, die mich beim Tanz durch dieses Buch begleitet haben. Allen voran Bernd, der mir immer wieder half, zurück an den Schreibtisch zu kommen, wenn ich nach mancher Umdrehung hinfiel und verdattert auf dem Boden saß. Vielen Dank an das Verlagsteam, das sich wie mir schien, endlos engagiert einsetzte. Danke an Helga Boschitz, die mich journalistisch unterstützte und Helga Baureis, die mir als Kinesiologin Input gab. Auch einen Dank nach Wien an Katrin Zita, deren PR-Beratung ich nur empfehlen kann. Vielen Dank an Marion Rapp, die mir mit ihrem Büro eine sehr wertvolle Hilfe ist. Und, last but not least, großen Dank an Ödön von Horváth, der mich durch seine Worte: »Eigentlich bin ich ganz anders, aber ich komm so selten dazu«, zu diesem Buch inspirierte.

Literatur und Quellen

André, Christophe, Lelord, François: *Die Kunst der Selbstach-tung*, Berlin, 6. Auflage 2002

Branden, Nathaniel: *Die 6 Säulen des Selbstwertgefühls. Erfolg-reich und zufrieden durch ein starkes Selbst*, München, 2. Auf-lage 2011

Byron, Jonathan: *Ändere dein Leben in 60 Minuten*, München, 2009

Engelbrecht, Sigrid: *Lass los, was dich klein macht. Die sieben Schlüssel zu mehr Selbstwertgefühl*, München, 4. Auflage 2011

Guggenbühl, Allan: *Wer aus der Reihe tanzt, lebt intensiver, Mut zum persönlichen Skandal*, München, 3. Auflage 2001

Heath, Chip/Heath, Dan: *Switch, Veränderungen wagen und da-durch gewinnen!*, Frankfurt a. M., 2011

Krelhaus, Lisa: *Wer bin ich – wer will ich sein? Ein Arbeitsbuch zur Selbstanalyse*, Frankfurt a. d. O., 2. Auflage 2004

Lazarus, Arnold, Fay, Allen: *Ich kann, wenn ich will. Anleitung zur psychologischen Selbsthilfe*, Stuttgart, 2011

Lukas, Elisabeth: *Der Schlüssel zu einem sinnvollen Leben. Die Höhenpsychologie Viktor E. Frankls*, München, 2011

Mannschatz, Marie: *Mit Buddha zu innerer Balance – Wie Sie aus der Achterbahn der Gefühle aussteigen*, München, 4. Auf-lage 2011

Mardorf, Elisabeth: *Wer immer geradeaus geht, kommt nicht weit. Dem Leben eine neue Richtung geben*, München, 2. Auflage 2004

Ohana, Katharina: *Gestatten: ICH. Die Entdeckung des Selbstbewusstseins*, Gütersloh, 2010

Passig, Kathrin, Lobo, Sascha: *Dinge geregelt kriegen – ohne einen Funken Selbstdisziplin*, Berlin, 2. Auflage 2010

Peichl, Jochen: *Jedes Ich ist viele Teile. Die inneren Selbst-Anteile als Ressource nutzen*, München, 3. Auflage 2010

Robbins, Mike: *Sei du selbst, alle anderen sind schon vergeben*, Frankfurt a. d. O., 2011

Robinson, Ken (mit Aronica, Lou): *In meinem Element. Wie wir von erfolgreichen Menschen lernen können, unser Potenzial zu entdecken*, München, 2010

Roth, Gerhard: *Persönlichkeit, Entscheidung und Verhalten. Warum es so schwierig ist, sich und andere zu ändern*, Stuttgart, 7. Auflage 2012

Uffelmann, Peter: *Verzeih dir selbst*, München, 2003